シンプルな人は、いつも幸せ

つい悩み過ぎてしまうあなたへ

枡野俊明
曹洞宗徳雄山建功寺住職

廣済堂出版

まえがき

シンプルに生きること。それはすべての本質を知っていること

あれこれと思い悩んだり、いろんなことに気を取られずに、自分らしい生き方をしてゆきたい――。

どんどん世の中が複雑になるにつけ、そういう願いを持つ人が増えてきているようです。

無駄を減らして、必要最低限の物だけで生活をしようとしている人も増えてきました。部屋の整理整頓の仕方や、不要な物の捨て方に関する書物も多く出版されています。

私はこのような傾向を見て、「ああ、一昔前に戻ろうとしているだけなんだな」

と思っています。

ほんの五〇年ほど前には、こんなにも物にあふれていませんでした。家電製品なども少なく、家の中はシンプルそのものでした。

それは、清々しい風景でもありましたが、今なぜ多くの人は、そこに戻ろうとしているのでしょうか。

それは、かつてのシンプルな暮らしこそが、人間にとって居心地が良い場所だったからだと私は思っています。

物にあふれていることと心持ちは別のことだ。ついそう考えてしまいますが、実は違います。目の前にある物に、人の目と心はとらわれてしまうからです。つまり、物が多いほど、心が揺さぶられるのです。

心を揺さぶるものは、もちろん物ばかりではありません。私たちが抱えている日々の喜怒哀楽という感情もそうです。

日々の出来事に一喜一憂し、動揺し、心が乱されることも少なくありません。

そこには多くの感情が渦巻いているものですが、実はシンプルに考えると、自分でも持て余すほどの感情に支配されることなどないのです。

さて、「シンプル」という意味を少し突き詰めてみたいと思います。

私たち人間は、この世に生まれて、そしてやがては死んでゆく。シンプルに考えれば、人間とはそういう存在です。

そして、この二つの真理は、自分の意思が及びません。自分の力ではどうすることもできないものです。

今という時代に、この場所に生まれている。それは選ぶことなどできません。生まれる時代や国、そして環境は選ぶことはできないのです。

そして死ぬときも同じです。何歳で寿命が尽きるのか。どのような死に方をするのか。それすらも知ることはできないのです。

私たちは、死を迎えるそのときまで生きるだけ。

そう考えれば、人間の一生とはまさにシンプルなのです。

生を受け、生きるために食べ、それを排泄し、身体を成長させながら生きる。これは人間も動物も同様ですが、しかし人間は、ただ生を維持するためだけに生きているのではありません。

生きている意味や自分に与えられた使命を模索しながら生きています。

何のために自分は生きているのか――。

それを常に自問自答しながら生きることが、人間に与えられた一生であると私は思っています。

お釈迦様の話を少ししましょう。

お釈迦様は「生老病死《しょうろうびょうし》」という言葉を伝えています。人間はこの四つの苦しみを抱えているのだと。老いること、病に罹《かか》ること、そして死ぬこと。この三つが苦しみであることはわかりますが、お釈迦様はなぜ、生きることさえも苦しみだと言ったのでしょうか。

お釈迦様が幼い頃、父親である釈迦族の王様に連れられて、鋤《すき》起こしという行事に行きました。田畑を耕すために、農民が鋤で土を掘り起こすという行事です。

農民たちが鋤を使って土を掘り起こしていきます。そうすると土の中からはたくさんの虫が現れます。すぐさま鳥がやってきて、土の中から這《は》い出してきた虫たちをついばんでいきます。土から掘り起こされた虫たちは、外の光を浴びた瞬間に鳥に食べられてしまう。そんな光景を見てお釈迦様は心を痛めたといいます。

命を維持するということは、すなわちほかの命を奪うことなのだ。どうしてこんなにも世の中は残酷なのだろう。もしかしたら、生きることさえ苦しいことなのではないかと考えられたのです。

そしてお釈迦様は、人間は自分の力で生きているのではなく、周りのものによって生かされているということを悟ったのです。

私たち人間は、ほかの命をいただきながら生かされています。そうであるならば、その生かされた命をどのように世の中のために使っていくか。自分に与えられた役割をしっかりと見つめながら、どのように世の中のために尽くしていくのか。それらに心を馳せることで、生きている実感が持てるのです。

時折、食事に行った先で、お金を払っているのだから食事を残すのも自由だと、食べ物を粗末にしている人を見かけます。

しかし、食卓に並べられているものはみな、命です。

食べる前に「いただきます」と言うのは、「命をいただきます」という意味です。その命をいただくからこそ私たちは生きられていることを忘れてはいけません。

その命を感じることを忘れてしまったなら、シンプルに生きることは難しいのではないかと思います。なぜなら、命に目を向けることこそが、人間としての根本だと思うからです。

この世に生まれてから死ぬまでの人生。それをいかに生きてゆくのか。いや、どのように生かされるのか。

シンプルに生きるということ。それはすなわち、常に本質に目を向けることです。

では、どうすれば物事の本質を見極めることができるのでしょうか。どうすれば悩みから解放されるのでしょうか。心地よく、そして充実した人生にするために何を心がければいいのでしょうか。

そのヒントを本書では書いてみたいと思います。

合掌

二〇一八年十月吉日

建功寺方丈にて　枡野俊明

目次

シンプルな人は、いつも幸せ

ついつい悩み過ぎてしまうあなたへ

第1章　自分自身をシンプルに

第2章　人間関係をシンプルに

第3章　お金の流れをシンプルに

第4章　日々の暮らしをシンプルに

第5章　生き方をシンプルに

第1章 自分自身をシンプルに

自分の正直な思いは、意外とわからないもの。

「本当にそう思っているの？」

自分に問いかけてみましょう。

自分の思いとはいったい何なのでしょうか。自分の本当の心はどこにあるのでしょうか。自分とはいったい何者なのでしょうか。

それは、私たち人間が必ず考えることだと思います。とくに思春期などに考えたことがありませんか。

「本当の自分とは」と。きっとほとんどの人がこの疑問と向き合うでしょう。しかし、そこに明確な答えをみつけた人は一人もいません。

いや、私は自分のことがよくわかっている。自分の思いが明確に見えている。そう言う人もきっといるでしょう。自分で自分のことがわからないなんておかしいと思うかもしれません。

しかし、そこに見えているものは、本当に自分自身の心のすべてでしょうか。もしも自分自身のことがわかっているとしたら、もしも自分自身の思いがくっきりと見えているとしたら、悩みを抱える人などいなくなるのではないでしょうか。他人のことなど気にしないで、くっきりと見えている自分自身とだけ向き合えばいいのですから。

しかし現実には、自分の本当の思いがわからないという人も多いものです。というのも、多くの場合は、自分の思いというものを勘違いしているからです。

「自分はこうであるに違いない」

「こういう自分でいたい」

「私はそうすべきだ」

このように、自分の正直な思いよりも前に、自分の思いを決めつけ、誤魔化《ごまか》してしまうと、本当の思い、自分自身を受け入れられなくなってしまうのです。

つまりは、自分で人生を生きづらくしているのです。

私たちには、常に移ろいでいる自分自身の心というものがあります。そのときどきの感情が、あなた自身の心を揺さぶっています。

それらの感情を感じて、「ああ、これが自分自身だな」と受け入れることです。たとえそれが気に入らない感情であったとしても、自分を責めてはいけません。その感情もまた、自分の一部なのですから。

自分の感情を見つめ、受け入れる。

それが正しいかどうか、悩む必要などまったくありません。心の移ろいに身を任せてしまうことは、自分に正直に生きるということなのです。

もしも自分の本当の心がわからない、人に流されてばかりいると思っている人は、自問自答する癖をつけることです。

「本当にそれでいいの？」

「それが私の本心なの？」と。

あなたの本当の思いを知っているのは、あなたしかいないのです。

物事は、思い通りにはなりません。
「思い通り」という意味は、
すべてのことを受け入れられる心の強さです。

きっと、誰もが日常さまざまなことが自分の思い通りになれば、悩みの多くは解消されると考えているでしょう。

たとえば母親は、「子どものため」と言いながら、自分の都合に合わせて、つい子どもを自分の思い通りにしようとしてしまいます。

夫に対しても、周りの人に対しても、イライラしたり、不満に思ったりする原因の多くは、自分の思い通りにならないからです。

しかし、あなたの思い通りになる人間などいません。

あなたが、周りのすべての人の思い通りにはならないように、周りのすべての人も、それぞれの意思や感情で生きているのですから、あなたの思い通りになるはずはないのです。

これは当たり前のことですね。それにもかかわらず、思い通りにならない人に対して、イライラしているわけです。

「思い通りになる」というのは、自分が思った通りに物事が進むということではありません。

自分自身の思いさえあれば、すべてのことを受け入れられる心の強さなのです。

母親は、我が子に対して深い愛情を持っているでしょう。その愛情にこそ目を向けることです。

親の言うことをよく聞く子ども。叱ったらすぐに泣きやむ子ども。それは間違った「思い通り」です。

もし、子どもに対してイライラすることがあれば、子どもに目を向けるのではなく、自分の中にある愛情を感じてみてください。

もし、夫に不平や不満があるときは、夫に目を向けるのではなく、そう思う自分の心に目を向けてみてください。

どんな場合も、相手の中に自分の「思い」があるわけではありません。

常に、自分の中に自分の思いはあり、それに気づかない限り、悩みや不満がなくなることはないのです。

自分の本当の心がわからない。もしもそう思うならば、あなたの中にあるけっして揺らぐことのない自分を探してみてください。

我が子に対する愛情、夫に対する感謝、周りの人に対する真心……。それがあなた自身でもあります。

周りを思い通りにできたら、悩みが解消されるのではなく、自分の本当の心に気づき、解放し、思い通りにさせてあげることで、悩みは解消されるのです。

思いを伝えるときに大切なのは、
「考える時間」をつくること。
感情が暴走した言葉は、自分も相手も傷つけます。

今はメールやＳＮＳなどを使ったコミュニケーションが主流になりつつあります。電話と同じように、即座に言葉を伝えられるようになり、事務的な連絡をするには便利な時代です。

ただ、「気持ちを伝える」という点では、このスピード感は必ずしも良いことばかりではないように感じています。相手と対面している緊張感がない分、感情的になりがちなツールでもあるからです。

メールなどを送信したあと、あんなことを伝えなければよかった、などと後悔した経験がある人も多いのではないでしょうか。

私がまだ大学生だった頃には、メールなどはありませんから、相手に何かを伝えるには実際に会って話すか、電話をかけるか、手紙しかありませんでした。

言いにくいことを手紙にするときなど、一生懸命に言葉を選び、幾度も書き直し、思いを込めて書きました。「よし、これで大丈夫」と、さっそくポストに投函しようとしますが、そこで躊躇《ちゅうちょ》がはじまります。持ち帰り、夜に床に入ると「あんなことは書かないほうがよかったかな」「相手の立場を考えると、言い過ぎたかな」などと思いが巡り、もう一度冷静になって考えてみる。そんなことを繰り返して、結局、出されることのなかった手紙があったものです。メールのスピード感と比べると、手紙はなんとも時間がかかるものでした。

しかし、そこにこそ、大切なものがあるように思います。

それは、自分の心を見つめ、考える時間です。

もちろん今、わざわざ手紙を書く必要はないでしょう。メールやＳＮＳを使いこなせばそれでいいと思います。しかし、そのスピードだけを盲信してはいけないのではないかと思います。

気持ちというのは、早く伝えればいいというものではありません。スピード感に慣れてしまったら、結局は、言わなくてもいいことまで言葉にしてしまうこともあるのです。

思いを伝える前に、考える時間をつくることです。その思いが大切なのであれば、相手の目を見ながら伝えることです。

そのためには、約束をする手間や、時間を調整する手間、会いに出かける手間などさまざま不便なこともあるかもしれませんが、このまどろっこしさの中に、自分の思いの再確認と、相手への思いやりが込められているのです。

自分の思いを伝える前に、まずは自分自身でよく考えることが大事です。

本当にこの思いをこの人に伝えるべきなのか。それ以前に、この思いは自分の本心なのか。思い込みや勘違いではないのか……。

自分の感情を否定する必要はありませんが、感情を暴走させて言葉にすることは、後悔することになりかねません。

人には安易に伝えてはいけないこともあるでしょうし、あえて言わないほうがいいこともあるものです。しかし一度口から出た言葉は、けっして消すことはできません。

これは、相手を思いやることと同様に、自分の思いを大切にすることでもあります。

素直な自分の心を見つめて、複雑に絡み合った言葉を除いてみれば、きっとそこにはシンプルな自分の思いが見えてくるはずです。

人生の使命とは、人生を生き切ること。
他人と比較している限り、
自分の人生を歩くことはできません。

「はじめに」で、人間がほかの動物と違うところは、生まれてから死ぬまでの間に、なすべきこと、それぞれに与えられた使命があるということをお伝えしました。

その使命とは何でしょうか。

そして、それはどのようにしたら見つけられるのでしょうか。

結論からお伝えすると、使命とは、自分の人生を生き切ることです。その過程で、人に感謝され、そして自分も満たされることです。

しかしそれは一朝一夕に見つけることはできません。人生の道のりを歩んでいく中で、気づくしかないのです。

大切なのは、目の前に与えられていることに、ただ一生懸命に取り組むことです。

目の前の道を愚直に一歩一歩、歩いていくことです。その先には、いろんな道と出会うでしょう。そうしていくつかの選択を繰り返す中で、自分に与えられた使命というものが見えてくるのだと思います。

自分の使命に気がついた人は、人生の歩みに揺るぎない自信があります。そういう人たちの共通点は、みなとてもシンプルな発想をしていることです。

「私は今やるべきことに、一生懸命、取り組んでいます。将来どうなるかはわかりませんが、余計なことを考えずに、今に向き合うだけです」

このように言い切れる人たちです。

けれどもなぜ、多くの人はこのようにシンプルに考えられないのでしょうか。

その理由は、人と自分を比べているからです。

「あの人みたいに、ラクに仕事をしたい」

「テレビで見るような華やかでリッチな生活をしたい」

「早く結婚しなければ、恥ずかしい」

周りと自分を比べている人は、言うなれば、人生の道で立ち止まっている人です。不満を抱えるだけで一歩も前に進んでいない。そういう人が、新しい道に出会うことはありません。

シンプルに生きるとは、ほかの人がどのような生き方をしていても、自分の

生き方を大事にして生きることです。

他人と比べるから、目の前がどんどん複雑になっていくのです。

誰かと自分を比べることで、解決できることは何ひとつありません。そして、大体の場合、比べて羨んでいることは、表面的なことだけなのです。

「あの人は、ラクそうに仕事をしている」

「お金持ちそうな暮らしをしている」

「結婚しているから、幸せそう」

果たしてそれは本当でしょうか？　まさに思い込みに過ぎず、そこには真実はありません。

人と比べて、自分の人生は劣っている、不幸だと思っている人は、目の前の出来事から逃げてきた人とも言えます。

不満を感じたとき、その原因を自分ではなく、相手のせいにしていませんか？

人の生活を羨む人は、今の自分の生活を快適にしようと努力したことはありますか？

他人と比較ばかりしているということは、すなわち他人の人生にばかり目が向いているということです。

まず、目の前のことを、ひとつひとつ丁寧にこなしていくことです。その尊さに気づくことが大事だと思うのです。それが自分の目の前の道であり、その道は自分しか歩くことはできないのですから。

仏教では、人間は二度亡くなるとされています。一度目は命が尽きたとき。二度目は、生きている人の記憶から消えたときです。

たとえこの世から姿は消えてしまっても、自分の道を歩み、生き切った人は、必ず誰かの心の中に生き続けています。

他人を羨み、他人の人生を真似たところで、記憶に残るのはあなたではなく、ほかの誰かなのです。

人と比べない。そう決めたときから、あなただけの人生がはじまります。

「自分はこういう人」と
決めつけていませんか？
それは他人からの刷り込みの
自分かもしれません。

「あなたはちょっと頑固なところがあるね」

「あなたはいつでも誰にでもやさしいね」

など、人から評価されたことがあると思いますが、人は周りの人を「タイプ」で分けたがるものです。

そして、自分でも「私は一人でいるのが好きなタイプ」などと決めつけて話す人も多いのではないでしょうか。


自分や周りの人をタイプで分けたがるのは、自分のことも相手のこともわかっていない不安があるからです。わからないのは不安なので、タイプ分けして安心したい。そういうことでしょう。

しかし、人はそんなに単純にタイプで分けられるものではありません。

自分とは何者なのか。自分とはどういう人間なのか。その答えに辿《たど》り着くのはとても難しいことです。「自分はこういう人」だと確信を持って言い切れる人は、ほとんどいないということです。

「あなたはこういうタイプよ」と人から言われると、それこそが自分自身であるように信じ込んでしまいますが、それは他人の勝手なイメージに過ぎません。あなたの本質でもありません。

そんなことはわかっていても、人間の心というのはこのような刷り込みによって左右されることがあります。

たとえば幼い頃から母親に、「あなたはキャリアウーマンには向いていないわ」「家庭に入って子育てをするのがいちばんよ」などと言われ続けると、自分は仕事には向かないのだと思い込んでしまいます。そして、いつまでも心のどこかにそんな母親の言葉が残っていたりするものです。

他人に自分を評価され、刷り込まれることで、自分の本当の姿が見えにくくなってしまうのです。

もちろん他人からの評価や、他人が自分をどのように見ているかを知ることは悪いことではありません。そこには自分では気づけないヒントがたくさんあるものです。

しかし、その他人からの評価を鵜呑《うの》みにする必要もないのです。

人はつい、他人の目を気にし、他人の思っている自分を演じようとしてしまいます。そうして演じ続けているうちに、本当の自分を見失ってしまうのです。

もしも今、自分自身が見えにくくなっているのであれば、一人の時間をぜひつくってください。


社会生活をしていると、どうしても人の波に飲み込まれてしまいます。それが過ぎると、たちまち人に溺れてしまいます。ときにはそこから逃げ出して、一人きりの時間に心を委ねるのも大切なことです。

一人旅に出るとか、そんな大仰なことでなくてもかまいません。たとえば会社の帰り道に、まっすぐに家に帰るのではなく、三〇分だけコーヒーを飲みに行く。もしも休日に時間が自由になるのであれば、山や海など自然の中に身を置いてみることも良いのではないでしょうか。

スマートフォンの電源などは切って、静かに波の音を聞きながら、じっくりと自分自身と向き合う時間。そんな時間を持つことで、他人から見た自分自身と少し距離を置くことができるものです。

これまでに知らず知らず刷り込まれてきた自分の姿を見つめ直してみる。自問自答する時間を持つことで、本来の自分を再確認することも大切です。

現実は、すべてあなたが選んだもので
できています。
不満に目を向けている限り、
現実は複雑になってしまうのです。

人は結局、自分が思っているようにしか生きることはできません。どんなに不本意な現実だと思っていても、それはあなたがたくさんの選択肢の中から選んだ結果です。

つまり、他人からどう言われようが、どう思われようが、つまるところは自分が思うように生きている、ということです。

「私は今の仕事が向いていません。本当にやりたい仕事は別にあります。でも、辞める勇気も持てません。ご住職、どうすればいいのでしょう」

ある女性にそんな相談をされました。

「あなたは、今の仕事を何年されているのですか？」

私が聞くと「もう一〇年になります」と答えます。

「一〇年もその仕事をされているのですから、それは今の仕事があなたに合っているということです。今の仕事こそが、あなたがやりたい仕事なのではないですか。もしも心の底から嫌だと思っているとしたら、一〇年も続くはずはないと私は思いますよ」

私がそう言うと、その女性ははっとしたような表情をされました。

どうしてはっとしたのか。それはおそらく、彼女の中にいるもう一人の自分の声を、私が代弁したからだと思います。

きっと彼女は気づいていたのでしょう。今の仕事が自分に向いていることを。そして、この仕事がもしかしたら自分のやりたい仕事であることを。

どうして彼女は、自分で気づけなかったのでしょうか。

それは、今の仕事が自分で選んだものではなく、ほかの誰かから与えられたものだと考えていたからでしょう。

「たまたまこの仕事に就いた」とか「ほかに就職先がなかった」とか……。どんな理由であれ、その仕事を選んだのは自分です。そして一〇年も続けていたという現実を忘れてはいけません。

おそらく彼女と同じように、現状に不満を抱えている人は多いでしょう。これは自分のやるべきことではない、これは自分の歩むべき人生ではないという具合にです。

そう考えれば考えるほど不満は募っていきます。日々の生活が楽しいものではなくなってくるのです。

しかし、その現実はあなたが選んだものだととらえてみてください。そして、今のあなたがしっかりと日々を生きていることを、認めてあげてください。

与えられた役割をきちんとこなして暮らしている。それはすべて、あなたがやりたいことをやっているからなのです。

不満探しをしている限り、不満がなくなることはありません。不満なことに目を向けている限り、現実はどんどん複雑になっていくだけです。

そして、そんな不満もまた、あなたの勝手な思い込みからきているものです。

まず、小さな満足に目を向けることです。

目の前の幸せに目を向ける。それがシンプルということでしょう。

他人に認められたいと思うより先に、
自分をまず、認める。
主体的に生きることで、
自分を認められるのです。

周りの人から認められたい。他人からの評価がほしい。そう願う人はとても多いと思いますが、大切なことは、まずは自分自身が自分のことを認めているかどうかです。

自分のことを認めていない人を、周りが認めてくれるでしょうか。

そう言うと、「こんなにダメな自分を認められません」と言う人がいますが、自分のことを認めるのは、けっして難しいことではありません。

欠点というのは、誰にでもあるものです。どんなに自信満々で完璧に見える人でも、それはあります。

大切なのは、自分の欠点に目を向けるか、向けないかということだと思います。

いつも悩んでいる人は、だいたい自分の欠点にばかり目を向けています。あるいは欠点とは言えないようなことも、欠点だと思い込んで悩みの種にしているのです。まるで自分で自分の首を絞めているようなものです。

一方で、欠点に目を向けない人は、自分の良い部分に目を向けることができます。あまりこれが行き過ぎると、傲慢《ごうまん》に映るでしょうから気をつける必要がありますが、大切なのは欠点も自分のものとして認めているということです。欠点が誰にでもあるように、良い部分や得意なこともみんなが持っているものです。

まずはそこに目を向けることが、自分のことを認める第一歩につながっていくのです。

ではどうすれば自分の良い部分を見つけることができるのでしょうか。

それには、主体的に生きることだと私は思っています。

ほかの誰かと比べるのではなく、自分自身が人生の主人公として生きること。

日々の生活の中には、さまざまな出来事が起こります。良い出来事もあれば悪い出来事もあるでしょう。

人はつい、良い出来事は歓迎し、悪い出来事からは逃れようとします。しかし、自分のところにやってきた出来事はすべて、自分で受け止めるしかないのです。

真正面からすべての出来事を受け止めること。それが主体的に生きるということなのです。

仕事でも家事でも町内会の係でも、何でも同じことです。

「やらされている」と思ってそれをやっている限り、「面倒くさいな」という気持ちが生じ、できなかったときには人のせいにしたり、自分の欠点のせいにしてしまいます。これを続けた結果、問題や悩みが生じて、物事を複雑にしてしまうのです。

一方で「自分がやる」と決めて行ったことは、どんな結果になったとしても自分の中で納得できるものです。

納得できることには、不満やストレスはありません。とてもシンプルです。

すべての物事を、自分のものとして取り組むことです。その積み重ねこそが、自分を認める原石となっていくのです。

他人からの評価を求めるのは悪いことではありません。ときにそれは大きな力にもなります。しかし忘れてはいけないのは、繰り返しになりますが、まずは自分で自分を認めることから、すべてははじまるということです。

第2章

人間関係をシンプルに

見栄を張り、自分を偽って生きるのは、
とても疲れます。
ラクに生きるためには
「身の丈」を知ることです。

周りから良く見られたいと思うあまり、見栄を張ってしまった経験は多かれ少なかれ誰もがあるかもしれません。

見栄は、すべてが悪いわけではありません。「ありたい自分」を意識して努力することで、成長につながることもあるからです。

しかし、自分を成長させるためでなく、単に他人から良く見られたいというだけの見栄。本来の自分にないものを、さもあるように見せかけたり、自分自身とかけ離れた姿に見せるための見栄。そういう見栄は虚構に過ぎません。

たとえばお給料が二〇万円しかないのにもかかわらず、五〇万円もするようなバッグをカードで買ったりする。それを一生物として使うのであればいいのですが、流行遅れのバッグを持つのは格好悪いからと、新作が出るたびに、高級なブランド品を買ってしまう。

何のためにそんなことをするのでしょうか。

高級品を持つことで、自分の価値を高めようとしているのでしょうか。友だちに羨ましがられたいからでしょうか。いずれにしても、こうした見栄が自分を成長させるとは思えません。

お給料が変わらないのであれば、高価な物ばかり買い続けることなどできません。いつかは見栄を張ることもできなくなります。

そうなったとき、何が襲ってくるのか。

それは後悔と虚しさです。

見栄を張りながら生きることは、実はとても疲れる生き方なのです。

本来の自分にはないことをやったり、自分の力量以上のものを見せようとする。化けの皮が剥《は》がれるのを恐れて、いつもびくびくしていたりすることもあるでしょう。そんな生き方が、心地よいとはけっして思えません。

「身の丈」という言葉があります。「身の丈に合った生き方をしなさい」と昔の人はよく言ったものです。

自分が今持っている物で満足し、無理をすることなく、自分がいちばん心地よいと思う生き方をしていくことです。自分の力量の中で、最善を尽くしていくことです。これはとてもシンプルな考え方だと思います。

そういう意味で言うと、「身の丈に合った生き方」という教えは、シンプルに生きなさいという教えでもあるのでしょう。

我慢をしなさいということではありません。しかし、贅沢はするなということでもないのです。

我慢したくないのであれば、努力をして贅沢をすればいいだけのことです。今以上の暮らしがしたいのであれば、自分を高めればいいだけのことです。

常に裸の自分と向き合いなさいという教えなのです。

私はしばしば打ち合わせや講演などで、国内外のあちこちへ出向きます。そのとき、先方のご厚意で高級な宿を用意してくださったり、広々としたスイートルームを用意してくださったりします。

私一人が泊まるために、部屋が三つもあったりするのです。いったいどこに座っていたらよいものか。

もちろん、そのお気遣いには感謝しますが、どうも落ち着かない気分になったりします。

修行のときに与えられるスペースは、一人一畳です。坐禅を組むのも布団を敷いて寝るのも、それだけのスペースで過ごしたものです。まあ一畳の部屋などはないでしょうが、それにしても八畳もあれば私は十分です。

つまりは、私の身の丈に合った部屋の広さとはそれくらいで、それがちょうど良いのです。

自分自身の身の丈を知ることは、シンプルに生きることにつながってくるのだと私は思います。

三〇〇〇円もするランチを食べる友人がいるとしましょう。そんな友人から誘われたとき、つい見栄を張ってつき合ってしまう。ランチに三〇〇〇円くらい当たり前だという顔をして。

もし、ランチに三〇〇〇円もかけるほど豊かではないとしたら、勇気を持ってはっきりと断ることです。

「私にはそんな高価なランチを食べる余裕などないわ」と。

恥ずかしいことでも何でもありません。見栄を張ってつき合うほうが、よほど恥ずかしいと私は思います。

そして、もう一度よく周りを見てください。

五〇〇円のランチで十分に楽しめる仲間はたくさんいるはずです。そういう友だちとこそ、身の丈でつき合えばいいのです。

いっさいの見栄を捨て去るのは難しいことかもしれません。他人からよく見られたいという気持ちは誰もが持っています。

どう見られてもかまわないと言い切ることもまた、生きづらさを生み出すことになるでしょう。

しかし、まずは見栄を捨ててみてください。

虚構の自分ではない、身の丈に合った自分を取り戻してみると、とても心が穏やかになっていきます。

打ち合わせや講演会から家に戻り、いつもの布団にくるまったとき、私はとても心地よい気分に包まれます。

「身の丈に合った」暮らしの中に戻ることで、人は自分自身に戻ることができるのかもしれません。

嫉妬心は、相手と「同じ」と思うから生まれます。
相手と自分は違う。
そう思うだけで、嫉妬から解放されます。

誰かのことを羨んだり妬んだりする。人はどこかにこの嫉妬心を抱えています。嫉妬したところで仕方がない。まったく無駄な感情だとは知りつつも、いつも人はこの感情に悩まされるものです。

どうして嫉妬心は生まれてくるのでしょう。

それは、自分と誰かを比べるからです。極端な話、誰とも関わらなければ嫉妬心など生まれてきません。比べる相手がいないのですから当たり前です。しかし私たちは社会で生きている限り、誰かと関わらなくては生きてはゆけません。そこでつい比較してしまうことになるのです。

たとえば、隣の家族が自分たちと同じような環境にあるとしましょう。夫は同じようなサラリーマン。どちらも専業主婦で子どもも同じ小学校に通っている。この「同じような環境」というのが曲者《くせもの》で、同じであればあるほど比べてしまうことがよくあるのです。

隣の家が新しい車を買ったと聞くと、嫉妬心と対抗意識がむくむくと芽生え、無理をして自分の家も車を買い替えたり、それができないとさらに妬みが芽生えます。

これがもし、隣の家が大金持ちであれば、意外と嫉妬心は湧いてこないものです。「隣と我が家は別」と思えるからです。比較したところでどうしようもないこと、自分とは違うことがわかっているからです。

つまりは、共通点があればあるほど、嫉妬心が芽生えやすいと言えるでしょう。

しかし、冷静に考えてみてください。隣の家が新車を買ったからといって、それがどうしたというのでしょうか。

「新しい車を買ったのよ」とお隣さんが自慢したら、「良かったですね。いい車ですね」と言えばいいだけのことです。「羨ましいわ」などという言葉をつけ足す必要などまったくないのです。

言葉とは不思議なもので、「羨ましいわ」と言うことで、本当に羨ましいという気持ちが芽生えたりするものです。羨ましいと思っていないのであれば、わざわざ言う必要はありません。

同じような環境にいると、つい何もかも「同じ」だと思ってしまうことでしょう。「同じ」でなければならないと思い込んでしまうのかもしれません。そんな心が人にはあるようです。

しかし、たとえ表面的には同じように見えたとしても、けっして同じではありません。それぞれの家庭に、それぞれの事情があるものです。

相手の事情に合わせる必要などありません。我が家の事情にだけ目を向けていればいいのです。

また、こちらが相手と比べているように、相手もまたこちらと比べているものです。

「うちはうち」という気持ちをいつも持っておくこと。それが余計な嫉妬心から逃れる方法だと思います。

夫や子どもを「減点」し続けていませんか？
人と比べるから、「減点」してしまうのです。

「隣の○○君はサッカー部のキャプテンなのに、うちの子はいつまでたっても補欠なの」

「同じクラスの△△ちゃんは優秀だから私立の中学に入れるけれど、うちの子は成績が悪いからとても無理よ」

このように、自分の子どもをよその子どもと比較していませんか。たとえ子どもの前で言わなくても、子どもは敏感に親の様子を感じ取るものです。それが続けば、その子の自己評価は低くなっていき、結果として自分に自信が持てず、人の目ばかりを気にする大人になりかねません。

「○○ちゃんはすごいね」

親は軽い気持ちで言ったりしますが、そんな小さなひと言が子どもの心を傷つけることを知っておいてください。

思い出してみてください。我が子が生まれてきた日の喜びを。健康で生まれてきてくれた。ただそれだけで一○○点満点でしょう。

ところが、生まれたときには一〇〇点満点だった我が子が、比べるという行為の中でどんどん減点されていきます。小学校に入ったら八〇点になり、中学生になって成績が悪くなればさらに減点してしまう。そして一流大学に入ることができなかったという理由だけで、大幅に減点してしまったりするわけです。

子ども自身は何も変わっていません。なのに、たまたま運動が苦手だったり、勉強が苦手だったりするだけで、親の子どもへの評価がどんどん下がっていく。

頑張っているのにもかかわらず、減点される子どもの気持ちを考えてみてください。

親がよその子どもと比較する眼差《まなざ》しがなければ、子どもは自由に「僕は僕」「私は私」と、自分を信じて生きられるはずです。

子どもがまっすぐに進もうとしている人生を邪魔をしているのは、親の嫉妬なのかもしれません。

子どもはいつでも一〇〇点満点なのですから、親のエゴで減点してはいけないと思うのです。

夫に対しても同じことが言えるでしょう。

結婚するときの夫は、どうだったでしょうか。一〇〇点満点とはいかなくとも、九〇点くらいはあったはずです。

「結婚して変わってしまった」と言う人が多いようですが、変わったのは夫ではなく、あなた自身ではないでしょうか。

結婚を決めたのはあなた自身であり、減点をしているのもあなた自身だということを忘れてはなりません。

そしてもうひとつ、気づいてほしいことがあります。

それは、あなたが誰かのことを羨ましいと思っているのと同じように、あなたも誰かに嫉妬されているかもしれないということです。あなたのことを羨む人がどこかにいるかもしれないということです。

嫉妬したり、嫉妬されたり。

この世とはそういうものなのです。

「自分は自分。これでいいんだ」

そんな気持ちを持つことができれば、この厄介な感情は少なくなっていくでしょう。まずはあなた自身の心から、他人と比べるという気持ちを追い出してください。

感情をリセットする癖をつける。
感情を引きずるから、
人間関係が複雑になるのです。

私たちの悩みのほとんどは、人間関係から発生していると言っても過言ではないでしょう。

社会の中で生きている限り、人間関係から解放されることはありません。夫婦関係や友人関係、職場の人間関係や親戚づき合いに至るまで、誰かと関わっている限り、悩みは出てくるものです。

もしも今、人間関係に悩んでいるとしたら、そこに必要以上に目を向けなくてもいいと思います。まず「人づき合いで悩むのは当たり前のこと」「人間関係の悩みを抱えていない人など一人もいない」と、割り切ってしまうことです。

無理をして解決しようとすることで、かえって自分を追い詰めてしまうこともあるでしょう。なんとか関係がうまくいくようにしたい、いったいどうすればいいのかと考えたところで、明確な答えなどありません。

人間関係は、お互いの気持ちが絡み合って成り立っているものだからです。自分の気持ちは変えることができても、相手の気持ちを変えることなどできないのです。

人間関係のストレスの多くは、なんとかして相手を変えようとすることから生じます。

自分の思い通りの行動をとってほしい。自分がこれだけのことをしてあげたのだから、相手にもお返しをしてほしい。そう思ったところで、望む通りになることなどほとんどないのではないでしょうか。

その結果、イライラしたり不満が募ったりして、相手を批判することになるのです。

修行を積み重ねた禅僧でも、人間関係に悩まされることはあります。穏やかな心でいることを心がけてはいても、相手の言葉にカチンときたり、ついイラッとすることだってあるものです。

そのような場合、感情を留めておかない、ということを教えられます。

いつまでもその感情を心に留めていてはいけないということです。

心に湧き上がってきた感情は、すぐさま受け流す。怒りの感情を持ったとしても、すぐさま心から追い出してしまうこと。そういう癖をつけることで、感情に流されない心を養うことができるのです。

人間関係の悩みを抱えている人は、きっとその感情にとらわれているのだと思います。

職場で同僚とぶつかり、怒りの感情が湧いてきた。そんなことは日常茶飯事です。そこでやってはいけないことは、その感情を引きずることです。会社を出ても、家に帰ってからも思い出し、お風呂の中でも布団に入ってからも思い出しているから、いつまでも心がざわざわするのです。

そうして翌朝に持ち越した不愉快は、会社に行けば相手にも伝わるものです。そんなことで関係性が良くなるはずはありません。

心をリセットする癖をつけましょう。

引きずるほどに、関係はどんどん修復不可能になっていくのですから。

まず自分が変わる。
まず自分から笑顔になる。
それだけで、人間関係は良くなるものです。

人間関係の悩みを解決する簡単な方法は、まず自分が変わってしまうことです。

相手を変えようと、あれこれ試してはイライラを繰り返すよりも、よっぽどシンプルで、効果的です。

自分が変わるのは、難しいことではありません。

ただ笑顔を見せればいいのです。

少し苦手意識がある人や、ギクシャクしてしまった人に対しても、笑顔を見せるだけ。動物の中で笑顔を持っているのは人間だけです。せっかく与えられた素晴らしいコミュニケーション機能なのですから、十二分に活かしましょう。

中には「私は笑顔になるのが苦手なんです」と言う人がいます。「笑顔で話そうとしても、つい顔がこわばってしまう」あるいは「あまり笑顔を安売りしたくない」などと言う人もいます。

それは単なるわがままです。

笑顔を見せることが嫌ならば、人間関係がうまくいかないことに文句を言ってはいけないということです。

「あの人に笑顔で話すなんて、無理」「あの人から先に、折れるべきよ」と言う人もいるかもしれませんが、それはあなたが相手を拒否しているだけではないでしょうか。要するに、相手との関係修復を望んでいないということです。

これは自分で割り切るしかありません。

繰り返しますが、相手に先に笑顔になってほしい、というのは相手を思い通りにしようということなのです。

明日から笑顔で挨拶するようにしよう。そう決めればいいだけのことです。

最初は違和感があったとしても、笑顔で挨拶をする習慣を身につけていけば、その笑顔がきっとたくさんの人の目にとまります。

「彼女はこの頃明るくなったね」「なんだか話しかけやすい」などというように、見る目が変わってきます。

他人の見る目が変わるということは、すなわち人間関係も変わってくるということです。

周りの人は何も変わっていないのですが、自分が変わることで人間関係は変わってくるのです。

自分が変わるということは、自分の人生は自分次第で思い通りになるということでもあるのです。

「仲良くならなければいけない症候群」

から抜け出してみる。

表面的なつき合いでもいいではないですか。

他人との距離感がうまくとれないと悩む人がいます。仲良くなりたいけれど、どうすれば距離が縮まるかがわからないというような人たちです。

反対にすぐに打ち解けることはできるのですが、いつの間にか近くなり過ぎて、ぶつかり合ってしまう人もいます。

どうすれば他人と心地よい距離感をつくることができるのでしょう。

人と人との距離感というのは難しいものです。こちらが近づこうとしても、相手がそれを拒めば距離は縮まりません。あるいはこちらはあまり近づきたくないと思っていても、やたらと近づいてくる人もいます。その中で生じてくる焦りや戸惑い。考えてみれば人間関係の悩みの多くは、この距離感のずれから生じているのかもしれません。

「仲良くならなければいけない症候群」とでも言うのでしょうか、互いに心をわかり合わなくては、仲間外れにされないようにしなくては、という思いにとらわれ過ぎているような気がします。

会社の人間関係は、クールな言い方をすれば、うまく仕事を進めていくことが目的の人間関係です。仕事の進め方などで議論することもあるでしょうが、それは同じ目的があってのことです。

ところが実際には、なんとかして自分の考えを通そうと感情的になる人がいます。こちらも感情的になれば、相手はさらに感情的な態度になってきます。意見が食い違うのではなく、気持ちが食い違ってしまう。

このような場合、割り切って考えることです。会社で一緒に仕事をしている仲間は、友人とは違うというように。

そこに自我を持ち込んだり、またわかり合いたいという気持ちを持ち込んだりすると、かえって食い違いや感情がもつれて、複雑になってしまいます。

会社の人間関係は仕事上の仲間に過ぎない。そんなふうにシンプルに考えることです。

一方で、同僚や仕事の仲間の中にも、心を許せる友ができるかもしれません。それは素晴らしいことだと思います。仕事の目的を分かち合い、かつ心も許せる仲間が一人でもいれば、仕事もまた充実してくるでしょう。

ただし、そんな関係をはじめから求めてはいけないと思います。毎日のように飲みに誘ったり、休日までも一緒に遊びに行ったりと、何かにつけ親しくなろうとする人もいます。双方がそれで良ければ問題はありませんが、もしもどちらかが負担になっているとしたら、その関係は複雑になってしまいます。

公私の境がなくなるほど、適切な距離感はわかりにくくなってしまうのです。会社の人間関係の入り口はあくまでも仕事です。このことを意識しておくほうがいいと思います。

「ママ友」という人間関係で悩んでいる女性もいると聞きます。仲良しのママの集まりなら問題ないのでしょうが、そこにはいろんなルールや習慣が出来上がっているようです。

それを楽しんでいる人はそれでもかまいませんが、その場から逃げ出したいと思っている人がいることも間違いないでしょう。度重なるランチやイベントを負担だと感じながらも、なかなか断ることができないというおつき合いです。

仲間外れにされることを恐れてしまうのでしょうが、仲間外れになってもいいではないですか。わざわざこちらから外れることもありませんが、相手が仲間外れにするのであれば、喜んでそれを受け入れればいいだけのことです。

それは、けっして孤立するということではありません。なぜなら、あなたと同じように毎日のランチを嫌がっている人はほかにもたくさんいるものだからです。そういう「仲間」と、互いのペースでつき合えばいいのです。

ご近所さんもそうですし、同級生、同期など、いろいろな人間関係がありますが、いずれにしても、そこには「仲良くならなければいけない」という思い込みがあるように思います。

わざわざ腹を割って話す必要もなければ、無理に仲間に入る必要もありません。本音と建て前とはよく言ったものですが、本音が良くて建て前ではいけないわけではありません。

「そんなのは、上っ面の人間関係だ」と反論する人もいるかもしれません。

では、どうして上っ面の人間関係ではいけないのでしょうか。人間関係は表面的なものであることで、潤滑に進んでいくのです。必要以上に相手に入り込んだり、互いに本音をぶつけ合えば、必ずその関係にはヒビが入ります。

一度入った亀裂は、修復できるものもあれば、できないものもあります。とすれば、ヒビが入らないように、互いに表面的な関係を維持することも大事なのです。それをいけないと思うから、物事が複雑になってしまうのです。

それが適切な距離と思ってみてもいいのではないでしょうか。

人間関係は、一気に縮まったりするものではありません。

時間をかけて、適度な距離を保つことです。距離が縮まったり遠くなったりしながら、互いの関係は深まっていくものです。人間関係の距離感とはそういうものではないでしょうか。

色眼鏡で、相手を見てはいけません。
色眼鏡を通して見える相手は、
周りの人によってつくられた
姿でしかありません。

あの人のことが好きか嫌いか。気が合うか合わないか。人はつい、こうした二者択一の考え方をします。

善か悪か。プラスかマイナスか。成功か失敗か。禅の世界では、こうした二者択一の考え方はしません。雨降りが良いか悪いかを決められないことと同じなのです。

すべてにおいて、良い面もあれば悪い面もあります。それをどちらかに決めつけることは、すなわち自分自身を生きづらくしているだけのことです。

では、人間に対する好き嫌いは、どこから生まれてくるのでしょうか。もちろん感情だから仕方がないという人もいるでしょう。ただし、この好き嫌いが、自分自身の心の中から生じてきたものであれば、それはかまいません。

しかし実際には、周りの人など、自分の外側からの影響によって生じたものである場合も、多いのではないでしょうか。

たとえば、「あの人とはつき合わないほうがいいよ」「あの人はわがままなんだって」などと聞くと、ついその噂話に人は引きずられてしまいます。そして噂を聞いた翌日から、その人のことを色眼鏡で見るようになってしまいます。

色眼鏡をかけて人を見るということは、相手は何も変わっていないにもかかわらず、こちらの心が変化しているということです。

つまり、心が変化した原因は、相手にあるのではなく、周りから影響を受けた自分にあるというわけです。

好きな人や嫌いな人と位置づける人間関係は、「あなたの人間関係」ではなく、「周りがつくりあげた人間関係」とも言えるでしょう。

好きか嫌いかをはっきりと決めつけること。それは一見するとシンプルに思えますが、実はその反対です。

好き嫌いを決めつけることで、人間関係は複雑になってくるのです。

「悟無好悪（さとればこうおなし）」という禅語があります。相手のあるがままの姿を見つめることが何より大事で、そうすれば好き嫌いはなくなるという教えです。

色眼鏡を外して、自分自身の目でしっかりと相手を見つめること。

そして相手の中にある良い面と悪い面を自分自身の目でしっかりと見極めることが大事なのです。

誰かのことを好きになったり嫌いになったりするきっかけは、些細《ささい》なことである場合が多いものです。ちょっとやさしい言葉をかけてもらったら好きになり、ちょっと厳しい口調で叱られたら嫌いになったりといった塩梅《あんばい》です。

そんな些細なことで人を判断するのは、とてももったいないことです。じっくりとつき合えば理解し合える関係になれるかもしれません。それをみすみす自分から潰してしまうのは、とてももったいないことです。

人づき合いの上手な人というのは、周りの評判や噂話を気に留めることなく、自分自身の目で相手のことを見ている人です。

色眼鏡をかけることなく、まっすぐにその人の中身を見ている人ということです。それが人間関係の信頼へとつながっていくのだと思います。

しかし、相手の良い面を見ようとしても、どうしても好きになれないということもあるでしょう。

そういう人に対しては、無理に好きになる必要はありません。そして、わざわざ嫌いになる必要もありません。無理にわざわざ、どうにかしなければと思うことほど、ストレスになることはないのですから。

ストレスの半分以上は、このように自分がどうにかしなければと思う心が生み出しているものです。

色眼鏡を外し、決めつけや思い込みの心を捨ててみると、人間関係の好き嫌いは、とてもシンプルに見えてくるものです。

第3章

お金の流れをシンプルに

欲望から逃れるためには、
身の周りをシンプルにしておくことです。
物であふれているから、
物欲もあふれてくるのです。

「もっとたくさんお金があれば、楽しく幸せになれるのに」

口癖のようにそう言う人がいます。

たしかに社会で生きてゆくためにお金は必要です。

私は住職として仏の道を歩んでおりますが、必要以上のお金を求めることはありません。お金に対する欲望が大きくなればなるほど、幸せから遠ざかっていくことを知っているからです。

人間の欲望にはキリがありません。完璧に満足することなどない。とくに物欲は持てば持つほどに増殖していくものです。

たとえばほしかったバッグを手に入れたとき、たしかに一時の喜びを手に入れることはできるでしょう。しかしそれは、幸せを手に入れることとは違います。一時の自己満足に過ぎないのです。

その自己満足は、すぐさま忘れ去られて、また「あれがほしい」「これがほしい」とはじまる。そんな生き方が幸せだと思いますか。

戦後、物のない時代には、「物」が幸せを連れてきてくれることもありました。

次々と出現する便利な物を手に入れることは、すなわち暮らしを豊かにすることにつながっていました。

しかし今の時代を眺めれば、生活に必要な物はすべてそろっています。そういう環境の中では、「ほしい物」は生活に必要な物ではなく、プラスアルファの物です。言うなれば「必要のない物」です。「必要のない物」を買うお金がないと嘆いているのが、実態ではないでしょうか。

不要な欲望から逃れるためには、身の周りをシンプルにしておくことです。

周りに物があふれているから、それらについつい目が向き、新たな欲望を誘発してしまうのです。

もしも家の中がさっぱりとしていて、余計な物がないような環境であれば、不要な欲望は遠ざかっていくでしょう。今持っている物だけで満足できるようになっていくことでしょう。その中にこそ、幸せで穏やかな暮らしがあるのだと思います。

お金がないことが不満だ、不幸だと思うのは、
身の周りの出来事に、
プラスを発見できないからです。
お金の有無で、幸不幸は決まりません。

お金があることと幸福感は、まったく別のことです。お金がないことが不幸だというのも思い込みに過ぎません。

たとえば、ほしい物があったとしましょう。それは三万円します。しかし生活費の中から三万円を捻出する余裕はありません。それでもほしければ、アルバイトをすればいいわけです。

さて、アルバイトをすることは、果たして不幸なことでしょうか。

新しい人間関係が生まれることもあるでしょうし、これまで経験したことのないことにも出会えたりします。それはけっして不幸なことではないはずです。

また、せっかくアルバイトをしても、結局は自分のほしい物を買わないこともあるかもしれません。一生懸命に稼いだ三万円だと思えばこそ、それを自分のために使うのではなく、家族や大切な人のために使いたくなるかもしれません。そういう人は、彼らが喜ぶ姿の中にこそ、幸せを感じられる人ではないでしょうか。

そしてまた、節約して三万円を捻出する人もいるでしょう。果たして節約することは不幸なことでしょうか。

たとえば、三〇〇円のアイスクリームを節約して、一〇〇円のアイスクリームにしたとして、それがそんなに不幸でしょうか。節約しても、その先に幸せを見つけられるならば、節約が不幸とは思わないのではないでしょうか。

節約することが不幸だ、不満だと言う人は、何のためにそれをしているのか、その目的を忘れているからです。

一方で、三万円の余裕のある人は、さっさとほしい物を買ってしまうでしょう。さっさと手に入れた物は、さっさと忘れていくことになります。

それに比べると、アルバイトをしたり、節約して買った物は、思い出というおまけがいつまでもついています。

その思い出は、大切な幸せになるはずです。

身の周りで起きていることに対して、マイナスばかり見て不幸だ、不満だと悲観するのではなく、その中にどんなプラスを見出せるのか。マイナスのことをプラスに変えていくことこそが、禅の基本的な考え方です。

プラスとマイナスは、実際にそこにあるのではありません。それはあなた自身の心の中にあるものです。

一万円のお金を、「一万円もある」と思うのか、「一万円しかない」と思うのか。それを決めるのは自分自身の心なのです。

どう思うかは、自分次第です。そう思えたら、お金の有無で、幸不幸を考えることはなくなるでしょう。

何のために働くのか。
その目的をひとつに決めてはいけません。
いろんな理由があってこそ、
仕事とお金のバランスはとれるものです。

何のために働いているのか。ときに人はそのようなことを考えたりします。
そこにはいろんな答えがあるでしょう。
「夢の実現のため」「望んだ仕事ではないけれど、与えられた仕事だから」「まずはお金を稼ぐため」などなど。

大切なのは、仕事をする目的をひとつだけに絞らないことだと思います。

たとえば「夢の実現のため」という理由で、一生懸命に取り組んではいるものの、そこにまったくお金が発生しないということもあるでしょう。それでは現実的に、生活が立ちゆかなくなることになります。
また「お金のためだけ」と割り切り過ぎるのも、やはり人生から彩りをなくしてしまうことになるでしょう。お金を稼ぐことは大事ですが、私たちはお金を稼ぐためだけに生まれてきたのではありません。豊かで幸せな人生を歩むために生まれてきたのです。

ある三〇代の男性がいます。その男性は大学を卒業して販売専門の会社に入りました。基本給は高くはないのですが、歩合制で給料が支払われます。もともと頭が良くて、話し方も上手だった彼は、たちまちトップセールスマンになり、営業成績はずば抜けていました。

歩合制ですから、彼の年収は二〇代で一〇〇〇万円を軽く超えていたそうです。睡眠時間は四時間。深夜まで仕事をして、それから飲みに出かける毎日でした。家に帰って休めばいいものの、飲みに行って発散しなければ、心のバランスがとれなくなっていたのです。

それにしても二〇代で一〇〇〇万円も稼いでいたのですから、さぞ蓄えがあるだろうと思いますが、彼にはほとんど貯金がありませんでした。

友人が聞きました。

「あんなに稼いでいたのに、どうして貯金が一銭もないんだ」と。

するとその男性はこう答えました。

「あの頃はすさまじいストレスを抱えていた。売り上げを維持するために、二四時間神経をとがらせていた。そんなストレスを抱えながら稼いだお金は、ストレス解消のために消えていくものなんだよ」

いったい彼は何のために仕事をしていたのでしょうか。はじめは頑張るほどにどんどん成績が上がることが嬉しかったはずです。しかしいつの間にかその喜びよりも、数字やお金だけが頭に残るようになってしまったのです。

自分の生活を犠牲にして、ただお金を稼ぐためだけに仕事をしていることに虚しさを感じた彼は、三〇代の半ばで会社を辞めたそうです。現在は地元に帰り、実家の農家を切り盛りしているといいます。

彼は特別な人間ではありません。彼のように、気がつくとお金のために仕事をしていたという人は多いのではないでしょうか。

もし、それに気づいて、虚しさを感じている人は、そんな思いを抱えたままで過ごしてはいけないのではないかと思います。

やがては心にしっぺ返しがくるからです。

一度立ち止まって、何のために働いているのかを、自分なりに見つめ直すこ

とです。そして答えをひとつだけに絞ることなく、たくさん見つけていくことです。

それが、自分と仕事とお金のバランスを上手にとっていく秘訣《ひけつ》であり、自分の好きなことをしながら、結果としてお金がついてくるような生き方になるのです。

自分を犠牲にしてまで、頑張っていませんか？
限界を感じること、そこから離れることは、
逃げることとは違います。

お金を稼ぐために、あなたの中で犠牲にしていることはありませんか。たとえば仕事のために身体や心を壊してしまうというようなことです。そんな人たちが増えているようですが、これはまったく本末転倒です。

私たちは、幸せに生きるために生まれてきているのです。心身を壊してまで働く理由などありません。

人にはそれぞれの限界というものがあります。多少の無理がきく人もいれば、それができない人もいます。それぞれに生まれ持った耐性というものがあるのです。

人生の中では少しは無理をしなければならない場面もあるでしょう。もうひと頑張りすれば乗り越えられるという局面もあるでしょう。

しかし、どこまで自分に無理を強いるのか。それをしっかりと見極めることが大事なのです。

「もう自分は限界だ」

そう思ったときには、臆することなくその場から距離を置くことです。それは悪いことでも恥ずかしいことでもありません。

自分の限界を感じ、そこから離れることは、別の道を歩くということです。

人生の道はけっして一本道ではありません。いくつにも枝分かれしているのです。それらの道を選択しながら歩いていく。それが人生です。

仕事やお金、または責任感や努力を押しつけられて、自分の人生を犠牲にしてはいけないのです。

それは自分の人生を生きているのではなく、仕事やお金という心を持たないものや、他人に支配されていることと同じです。

子育てをしながら働いている女性もたくさんいます。それは体力的にも時間的にも相当な苦労がいることでしょう。しかし、もしも仕事を続けることで、自分や家族の心に負担をかけているとしたら、自分自身の生活を一度見直したほうがいいかもしれません。

反対に、子育てを優先するあまり、仕事を犠牲にしているという女性もいるでしょう。しかし、考えてみてください。仕事とは良き人生を歩むための手段に過ぎないのです。

「仕事は私にとって生き甲斐だったのに、子育てのために、辞めざるを得なくなってしまって……」と言う女性も多いと思いますが、それは仕事を犠牲にしたわけではありません。そのときあなたを必要としていたのは誰だったのか、何だったのかと考えてみれば、犠牲ではなく、求められていた結果だったことがわかるでしょう。

今自分の人生にとって何がいちばん大切なのか。立ち止まって考えることで、見えてくることはたくさんあります。

長い人生では、どこかで何かを犠牲にしなくてはいけないこともあるでしょう。すべてを手に入れることなどできません。何かを諦めながら私たちは生きているのです。ただし、自分の心だけは犠牲にしてはいけないと思います。

お金を巡らすことで、みんなが豊かになる。
それが「お互い様」の心であり、
人生を豊かにする心です。

アメリカには「ギブ・アンド・テイク」という言葉があります。人間関係を保つには、お互いが同じくらいのことをしなくてはいけない。たとえば一万円のプレゼントをもらったなら、同じ金額の一万円の物を返す。互いに平等であればこそ人間関係は続くのだという考え方です。これは欧米ならではの価値観なのでしょう。

もちろんこの考え方が悪いとは思いません。しかし、この「ギブ・アンド・テイク」の発想は、どこか日本人には馴染まないような気がします。

日本人は昔から、「お互い様」の心を持って生きてきました。ご近所で困っている人がいれば、周りの人たちがその人を当たり前のように助けていました。そこには見返りを求める気持ちなどはありません。もしかしたら自分も困ったことになるかもしれない。そのときには必ず誰かが支えてくれることになるでしょう。

このように支え合って生きていくという考えが、「お互い様」の心なのです。

仏教では、お金は巡らしていくものと考えています。「諸法無我《しょほうむが》」という言葉がそれを表しています。

「諸法」というのは、この世に起きているすべてのことです。「無我」というのは、自分自身の存在だけがすべてではないということ。

この世に生きとし生けるものはすべて、関わりながら存在しています。道端に咲く一輪の花さえ、花自身の力で生きているわけではありません。

これは人間も同じなのです。自然からの恵みを受けながら、そして周りの人たちに支えられながら生かされているのです。自分一人だけの力で生きている人間など誰一人としていないのです。

私たちは、つながりの中で生きています。そしてお金というものは、そのつながりの中でこそ生かされるものです。

中には、たくさんのお金を独占している人もいます。それにもかかわらず、周りの人のためには使わない、自分だけが裕福であればいいという人たちです。

お釈迦様は、常にお金を世の中に巡らしていたと言われています。お釈迦様のもとには、たくさんの人たちが慕ってやってきました。そしてみんながお布施をして帰っていきます。

たくさんの人々からのお布施を、お釈迦様は自分のところに留めなかったといいます。困っている人たちのためにそのお布施を巡らしていました。まるで川の水が流れるように、お金を留めることなく、周りに流していったのです。

自分が持っているお金をすべて人のために使いなさいと言っているのではありません。しかし、たとえわずかでも、人のために使う気持ちを持つことです。それはけっして施しなどではありません。「お互い様」の心なのです。

人は一人では生きてはいけない。そう考えたら、お金もあなたのためだけに存在しているのではないと言えるのではないでしょうか。その思いに至ることが、豊かな人生なのだと思います。

損得勘定で考える人は、貧しくなります。
お金では得られないものを、
見失ってしまうからです。

最近、お葬式を見て思うことがあります。お葬式にはお香典を持っていくのが一般的です。生前のおつき合いや関係性などによって、お香典の金額は変わってくるものですが、香典には「香典返し」というものがあります。

ある地方では、いただいた香典の半額をお返しするという習慣があります。厳密に決まっているわけではないのですが、それを「一万円の香典を包んだのだから、五〇〇〇円相当のお返しがあるはずだ」と算段する人もいます。

そしてもしも五〇〇〇円には満たないようなお返しだと、そこで不満を感じたりする人もいるのです。何かにつけて、損得勘定で考えてしまうのは、なんとも寂しいものだと思います。

少し前に執り行ったご葬儀がありました。ご主人を亡くされた喪主の女性のお話です。

お香典返しにその女性が贈ったのは、九州のある地方のお菓子でした。関東の人なのに、九州に知り合いでもいるのかと思いましたが、添えられた手紙にはこう記されていました。

「このお菓子は、主人が九州に仕事に行ったときに買ってきたものです。主人はいたくこのお菓子を気に入り、しょっちゅう九州から取り寄せていました。この主人が好きだったお菓子を召し上がりながら、少しだけ主人のことを思い出してやってください」

本当に素晴らしいお返しだと私は思いました。そのお菓子がいくらするのかなど、そんなことはいっさい関係がありません。たとえ安価なお菓子であったとしても、そこには温かな奥様の心がつまっています。

そして、この香典返しを受け取った人たちは、きっとお菓子をいただきながら、故人を思い出していたことでしょう。

見返りばかりを求めて、損得勘定で生きていれば、そこに温かな人間関係は生まれません。

損得勘定で考えている人は、この奥様のやさしさも、亡くなったご主人を偲《しの》ぶ思いも、深く味わえないことでしょう。

たとえば、子どもの誕生日にプレゼントをしたとします。そのときに、子どもからの見返りを求めるでしょうか。それを考える親はいないでしょう。

「お母さん、ありがとう。大事にするね」

子どもが喜ぶ笑顔で、すでに「お返し」は済んでいるのです。

人間関係もこれと同じです。

お金には代えられないものをいただきながら、私たちは生かされていることに気がつくことが大切です。

そしてそれを知っている人こそが、お金で得られない豊かさをもらえる人なのではないでしょうか。

お財布の中身をシンプルにする。
それだけで、行動が変わります。
気持ち良く欲を手放すことができるのです。

昔の禅僧たちは、ひとつの修行を終えると、一人きりになって山の中にこもったものです。俗世間から離れることで、修行がさらに高みへと行く。これが禅僧としての理想の姿だと考えられていたのです。

どうして山奥にこもらなければならないのでしょう。わざわざ山にこもらなくても、お寺という修行の場があります。修行をするのであれば、街中にあるお寺でも十分にできるはずです。

にもかかわらず、多くの禅僧たちが一人で山にこもった理由は、不要なことに心を惑わされないためです。

たとえばお寺の中でも坐禅を組み、お経を唱えることはできます。でも一歩外に出れば、そこには世間の香りが充ちています。

いくら境内に身を置いていたとしても、お寺の周囲からは人々の話し声が聞こえてきます。参道にあるお店からは美味しそうな香りが漂ってきます。

誰かの話し声が聞こえてくれば、つい話の内容に気が取られてしまう。ウナギを焼くいい香りが漂ってくれば、つい食べたいなという欲望も湧いてくるものです。人間ですからついそこに心を奪われてしまうのは、自然なことです。しかしそれでは修行の邪魔になるので、俗世間の空気から離れた場所で修行をするために、山奥に一人きりでこもったのです。

人間は生きている限り、誰にでも欲望があります。その欲望をいくら断ち切りたいと思っても、みんなが山にこもれるわけではありません。

では、どうしたらいいのか。とてもシンプルな方法があります。

それは、お財布の中身をシンプルにすることです。今日必要なお金しか入れないでおく。できるならばカードさえも持ち歩かないことです。さらに言うと、ポイントカードの類も持ち歩かないことです。

余分なお金がお財布に入っているから、つい無駄遣いをすることになってしまうのです。安易にカードを使う習慣が身についているから、欲望のままに買ってしまうのです。ポイントをためたいがために、不要な物まで買ってしまうこともあるのではないでしょうか。

私は用事で外出するとき、余分なお金はあまり持っては行きません。仮に持っていたとしても無駄に使うことはありません。その日使うだいたいの必要経費をおおよそ頭に入れてから出かけます。

お財布の中身をシンプルにしておくことは、すなわちその日の行動もシンプルにできるということです。その日の目的だけに、心を集中させることができるのです。

私は待ち合わせには、少し早めに着くことを心がけているのですが、ときには思った以上に早く着くことがあります。でもだからと言って、喉も渇いていないのに喫茶店に入ってコーヒーを頼むというようなことはしません。

そんなときは、近くを散策します。公園があればベンチに腰かけて、周りの花や木々を眺めます。ときには世俗を離れたときの気分を味わえたりするもので、それはとても素晴らしい時間になります。

今あなたが使っているお財布の中身を、全部出してみてください。いつも持ち歩いているそれらは、本当に日々、必要な物でしょうか。

現代は物であふれています。町を歩けば、そこには魅力的な商品が並んでいます。企業は人々の欲望を掻《か》き立てる手立てを常に考えています。経済活動としては当然のことでしょうが、それに踊らされてはいけないのではないかと思います。

何もケチることを勧めているのではありません。物に心を奪われないようにすることが大事であるというお話をしているのです。

お財布の中身をシンプルにすることで、行動は変わります。

欲望から解放される清々しさを知ることができるでしょう。

お金の使い方は、あなたの生き方です。
お金の使い方を見れば、
自分の心がどこにあるのかがわかります。

私が住職を務める建功寺に、あるとき一組のご夫婦が訪ねてきました。定年退職をされて、今ではお二人で暮らしています。ご夫婦は建功寺にお墓をつくりたいとおっしゃいました。

ご夫婦はともに九州の出身で、先祖代々の墓は九州にあります。そしてご主人は次男坊ですから、新しくお墓を建てなければなりません。しかし、子どもたちはみんな東京近辺に暮らしています。九州にお墓を建てたとしても、なかなかお参りには来られないでしょう。建功寺は横浜にあるので、子どもたち家族もお参りに来やすいようにと考えていたのです。

ご夫婦がとても気に入った場所がありました。日当たりもよく、しかもその場所はほかのお墓よりも少しだけ広く、これだけの広さがあれば、孫たちが一緒に来ても不自由な思いはしなくても済むだろうと、とても満足したご様子でした。

それから一週間ほど経った日。今度は息子さん夫婦とともに、やってきました。息子さん夫婦にお墓を建てる場所を見せて、そこで決めようと考えたのです。

「この場所にお墓を建てようと思う。少し値段は高いけれど、とても気に入っているんだ」

父親がそう言うと、息子さんはすぐに言ったのです。

「こんなに広い場所じゃなくてもいいよ。もっと安い場所があるだろ。安いところにすれば、浮いたお金でファミレスに何回行けると思う？　お墓の場所なんてどうでもいいよ。俺は反対だね」

この言葉を聞いて、驚きました。そばにいた寺の職員たちも、顔には出しませんがびっくりした様子でした。

もちろんどのお墓にするかを決めるのはその人の自由です。多少の無理をしてでも立派なお墓を建てる人もいますし、経済的なことを考えて、小さいお墓にする人もいます。

お墓とは大きい物が良くて、小さな物は良くないとか、そういう類の物ではありません。そこに心がこもっているかどうか。心がこもっているお墓は、どんなお墓でも立派なお墓なのです。

お墓というのは、残された者たちの支えであり、亡くなった人たちの安住の場でもあります。そのことに心を寄せないで、ファミレスに行くお金を勘定しているのです。

最近では、この息子さんのように考える人が増えているのではないでしょうか。

つまり、支払った額に見合うだけの対価を、損得で考えるということです。それは、見えないものにはお金を払う価値がない、価値を感じられないということではないでしょうか。

今、社会にそんな空気が蔓延しているとすれば、それこそ悲しむべきことだと私は思っているのです。

私の友人に、鉄道会社に勤める人がいます。その人がこう嘆いていました。

「ご住職。電車の中の忘れ物で、近年増え続けている物があるんです。何かわかりますか。それはお骨なんです」

お骨を電車の中に忘れていく。普通の神経では考えられないことでしょう。それらは忘れ物ではありません。わざと置いていくのです。もしも本当に忘れているのであれば、お骨と一緒に必ず埋葬許可証が入っているはずです。その許可証には住所や名前が記されていますから、簡単に持ち主は判明します。ところが多くのお骨の「忘れ物」には、この埋葬許可証が入っていません。つまりは抜き取っているわけです。

いかなる理由でお骨を置き去りにしたのか。本当の理由は知る由もありません。しかし、もしも埋葬するお金がもったいないと考えていたり、お墓を建てるお金がもったいないと考えた末の行動だとしたら、これほど悲しいことはありません。

その友人は言いました。

「お骨ですから、処分するわけにはいきません。最終的には鉄道会社のほうで供養することになるでしょう。供養にかかるお金ももちろん会社の負担になりますが、私はそんなことより、置き去りにされたたくさんのお骨を見たとき、なんとも言えない寂しさと悲しさが湧いてくるんです」

何にお金を使うのか。

それは、その人そのものであり、人生そのものを表しています。そして、その使い方を周りの人たちは見ています。

聖人君子になろうと言うのではありません。ただ、自分自身の生き方を美しいものにするために、お金とのつき合い方をいつも心に留めておくことが大事だと言っているのです。

あなたが支払うそのお金には、あなたのどんな心があるのか。お金は正直にあなたの心を映し出しているのです。

第4章　日々の暮らしをシンプルに

規則正しい生活は、不平や不満、欲を
追い出してくれます。
なぜなら、自分の芯を持つことができるからです。

悩みや不安、不満があったり、毎日の生活に覇気《はき》がないというとき、その原因はひと言で言うなれば、物事を複雑にしているからです。

煩わしさや生きにくさを感じる原因は、複雑さにあると思っています。

物事を複雑に見ると、すべてが複雑になります。それで心が晴れるわけがないのです。

私たちは、どうしても今の自分に何かを足すことを良しとしてしまいます。今の自分ではない、もっと素晴らしい自分になるために、何を足せばいいのか。そう考えて、結果的には他人の意見に振り回されたり、散財してしまったりして、現実を複雑にしてしまうのです。

大事なのは、引くことです。

そもそも自分の中にある欲や見栄、身の周りにあふれている物を引いていくと、必ず見えてくるものがあります。

それが、自分の中の芯であり本質です。

シンプルを心がけていると、本質に行き着くのです。

それは自分のあり方を知っているということであり、とても生きやすくなるのです。

これはとても簡単なことのようで、実はなかなか難しいことでもあります。と言うのも、世の中には物事を複雑にする要素にあふれているからです。


しかし、とても簡単な方法があります。

それは、毎日を規則正しく送ることです。

たとえば私たち禅僧は、いくつもの規則に基づいて日々を送っています。雲水《うんすい》（修行中の禅僧）は通常、朝は四時に起床し、真冬であろうと暁の坐禅がありますｰ。その後に朝のお勤めであるお経を唱えます。そして境内の掃除やお堂の中を磨き上げて、朝ご飯をいただいたあとは、それぞれ与えられている仕事に取り組むことになります。

四と九のつく日には、ほつれた衣や作務衣などの繕いをするといったように、二四時間きちんと決められた生活を営んでいるのです。

そこには「どうしてこんなことをしなくてはいけないのか」などという疑問はありません。「今朝は寒いから雑巾がけはやめよう」という選択肢もありません。それが雲水の生活であり、ルールだからです。

雲水も人間ですから、ときには「お饅頭《まんじゅう》が食べたいな」とか「もう少しゆっくり寝ていたいな」と思うことも正直あります。しかし、その選択肢はありません。

そう聞くと、大変だなと思う人もいると思いますが、選択肢がないということは、多少の欲望や不満があっても、それ以上はふくれ上がることにはなりません。

つまり、繰り返しの生活を送ることで、心身が清々しくなっていくのです。

もちろん、みなさんが雲水のような生活を送る必要はありませんが、自分なりの生活のルールを決めてみてはどうでしょうか。

そして、決めたルールはできる限り守る。「まあ今日はいいか」と自分を甘やかすことなく、できる限り守るように心がけることです。

そのルールを、一〇〇日は続けてみてください。一〇〇日とは約三か月です。三か月続けば、一年続くようになるものです。そして一年続いた習慣は、もう自分のものになっているはずです。

このようにして、たとえひとつでも自分で決めたルールを持っていると、それがその人の芯になります。

芯を持っている人は、何か起きたときでも自分のあり方に立ち戻れる人なのです。

芯を持っている人は、自信を持っている人です。
決めたことを、一〇〇日間続ける。
それだけで、自信は生まれます。

自分の中にある芯ができる限りぶれないような、規則正しい生活を送ることが、シンプルに生きるための早道です。

この芯は、自分の存在に対する自信になります。

自信がある人は、周りに翻弄されず、悩みや問題を抱えても、解決するために必要な知恵や行動が伴うので、長く煩わされることがなくなるのです。

とは言え、規則正しい生活を邪魔するものはたくさんあるでしょう。会社で残業をすれば、いつもより遅い時間に寝ることになります。会合などに誘われて帰宅時間が遅くなることもあるでしょう。ときには遅く起きる日があってもいいでしょうし、夜更けまで趣味に興じることがあってもかまいません。そのような社会生活を蔑《ないがし》ろにしてまで、自分の習慣に頑《かたく》なになる必要はありません。臨機応変に考えることも大事なことです。

ただし、日頃の習慣が身についていない人が適当な一日を送れば、たちまち自堕落な生活になっていく恐れがあります。もともとルールがない人は、たちまち夜更かしをすることがルールになっていくことでしょう。要するに易《やす》きに流されるわけです。

一方、生活習慣が身についている人は、ときに遅くまで飲み会があったとしても、すぐさま自分の生活を取り戻すことができます。疲れがたまり、日曜日に朝の九時まで寝ていたとしても、翌日にはすっきりと六時に起きることができるものです。すぐに自分のルールの中で生活することができるのです。つまりは「ぶれない生活」を営むことができるのです。

私の周りにも、生き生きと人生を歩んでいる人、自分の仕事に誇りを持ち、一生懸命に仕事と向き合っている人たちがいますが、彼らはほぼ一〇〇%、自分なりに決めたルールをしっかりと守りながら生きています。

たとえば毎朝同じ時間にしっかりと起きるなど、小さなことですが、この小さな習慣の積み重ねこそが、自信へとつながっていくのです。

たとえ今の仕事が苦しくとも、三か月続けられた仕事は、やがて一年続けることができる。そしていつしかその仕事が、自分の一生の仕事になっていくのだと私は思います。

能力のある人はたくさんいます。しかし、その能力を発揮するためには、継続が何より大事なのです。はじめからうまくいくことなど、どんな世界にもないのですから。

続けていくうちに、能力は発揮されていくのです。続けていく力こそ、人生にとって大切なものだと私は信じています。

なんとなく自分に自信が持てないと言う人がいますが、そういう人を見ていると、その多くは三日坊主と言われる人です。すぐ飽きてしまう、すぐに諦めてしまう。自分で決めたにもかかわらず、すぐにその習慣から抜け出そうとする人です。

何事も続けられないと自覚がある人は、こうして自分で自信を奪っているのです。

禅の修行でも、一〇〇日ごとに転役転寮《てんやくてんりょう》といって、与えられる仕事が変わり

ます。基本的な生活は同じですが、それぞれの役割が一〇〇日ごとに変わりま
す。会社で言えば部署や仕事内容が変わるようなものです。

人それぞれに得意分野と苦手分野はあるものですから、ときには苦手な役割
が回ってくることもありますが、とにかく一〇〇日間続けます。

すると、一〇〇日が過ぎた頃には、それは習慣となり、いつの間にか自信が
自分の中に育っているのです。

つくり笑顔でもいいのです。
笑顔は、ただそれだけで、
自分も周りの人も幸せにしてくれます。

朝起きて鏡の前に立ったとき、あなたはどんな顔をしていますか。

朝起きて最初に見る自分の顔。それはとても大切なものだと私は考えています。

朝に見た自分の顔が生き生きとした笑顔であれば、その一日は良き日になるに決まっています。反対に、ぶすっとした顔であれば、その一日は雲がかかったような日になります。

たったこれだけの違いで、その日に出会う出来事は変わってくるのです。

笑顔には笑顔になる出来事が、ぶすっとしていればそうなるような出来事がやってくるものだからです。

朝一番の顔というのは、それほど大事なものなのです。

「つくり笑顔」という言葉がありますが、なんとなく悪いイメージを持っている人も多いのではないでしょうか。

しかし、「つくり笑顔」はけっして悪いことではないと私は思います。

笑顔には二種類あります。

ひとつは、心から湧き出てくる笑顔です。楽しいことがあったり、大好きな人を目の前にすれば、誰もが自然な笑顔を浮かべます。心のありようがそのまま顔に現れるわけです。

もうひとつの笑顔とは、自分の意思でつくり出す笑顔です。つまりは「つくり笑顔」です。

もちろん誰もが心からの笑顔で過ごせたらいちばん良いのですが、そうもいかないことが多いでしょう。しかし、だからと言って、ぶすっとしていると、先ほどもお伝えしたように、ぶすっとした出来事を招いてしまうのです。

そうであったら、自分の意思で笑顔になればいいだけのことです。

もし嫌な出来事があったら、意識して笑顔をつくってみてください。

はじめは引きつったような笑顔になるかもしれませんが、それでも笑顔でいると、不思議と心が穏やかになってくるはずです。

結果として、つくり笑顔が自分の心を癒してくれるのです。

禅で言う「和顔《わげん》」は、穏やかな表情を心がけることで、自然と自分の心も穏やかになるということです。そしてその穏やかさが周りの人たちの心を慰めることになる。そういう意味を持っているのです。

そして、笑顔というのは伝染していくものです。

たとえばその場の雰囲気が悪くても、一人が笑顔になれば、またもう一人の笑顔を生み出します。

その場を明るくしたいとき、みんなの心を晴れやかにしたいときは、一〇〇の言葉を並べるよりも、笑顔ひとつで十分なのです。

それでも、笑顔になれないという人もいます。「つくり笑顔は、嘘をついているみたいで嫌だわ」と思う人もいるかもしれません。頑なにそう思う人は、結局は自分が損をしているのではないかと私は思います。

あれこれと理屈で考えるのではなく、自分の主張ばかりを言葉に出すのではなく、笑顔になってみる。それだけで人のやさしさに触れるような出来事に出会うでしょう。

また母親であれば、どんなに優れた教育よりも、母親の笑顔こそが子どもには必要だと私は考えています。それこそが禅が導いたひとつの答えだからです。

私たちの家族、身の周りの人間関係、そして社会全体の雰囲気を決めているのは、私たちの心なのです。

幸せとは、素晴らしい環境に身を置くことではありません。そこにいる人たちに対して笑顔でいることです。

今この瞬間から、笑顔になってみてください。それは誰もが持っている、そしてもっとも素晴らしいものなのです。

立ち居振る舞いが美しい人は、
心も美しい人です。
身体と心は、別ではないからです。

「立ち居振る舞い」という言葉があります。昔の人たちは、この立ち居振る舞いの中に美しさを感じていました。これはただ外見が綺麗ということではなく、所作の中に見える美しさです。それは奥ゆかしさや恥じらい、その人そのものが表れている美しさです。

女性は奥ゆかしくなければならないと書くと、反発を受ける世の中ではありますが、私の言う奥ゆかしさとは、受け身なことではありません。男性から一歩後ろに下がったり、遠慮深くすることではありません。

美しさが表れる奥ゆかしさとは、自分自身の行動を客観的にとらえることから生まれるものだと私は考えています。

「形直影端（かたちなおければかげただし）」という禅語があります。身体の姿勢が美しければ、その影もまた美しいものになる。美しい姿勢と立ち居振る舞いを心がけなさいという教えです。

ここで言う「影」とは、その人の心を表しているととらえてもいいでしょう。

立ち居振る舞いの美しい人は、心もまた美しいということです。

身体と心はともにあり、けっして別々ではありません。

中には、「私は心が美しいので、見た目はどうでもいいでしょう、立ち居振る舞いが多少雑でもかまわないでしょう」と思っている人もいるかもしれません。しかし、どんなに美しい心を持っている人でも、それをわかってくれる人はどれだけいるでしょうか。そういう人は、ほとんどいないと思います。

所作を通して、人はその人の心を見ようとするのです。

現在は本堂を建て直し中ですので状況が変わっておりますが、私どもの寺では、本堂でご法事をするとき、正座をしてお経をあげています。背筋をまっすぐにのばし、後ろ姿にさえ美しさが求められます。

そんなことは当たり前ですし、身体に染みついた禅僧としての立ち居振る舞いがあります。今の仮本堂でのご法事は椅子席ですが、椅子であっても心がける姿勢はまったく変わりません。

その姿の中に、法事にいらした方々は安寧の心を持つことができるのです。もしも禅僧が、正座ではなく胡坐《あぐら》をかいていたらどうでしょう。背中を丸めて、ガムを嚙みながらお経をあげていたらどうでしょう。いくら供養する気持ちを持っていたとしても、そんな禅僧の言葉に、いったい誰が耳を傾けてくれるというのでしょうか。

これは極端な例ですが、要するに立ち居振る舞いとはそれくらい大事なものであることを知っておいてほしいと思います。

美しい立ち居振る舞いの基本は、うつむいて歩くことではありません。しっかりと背筋をのばし、前を向いて歩く。その凛とした姿の中に、人はその人の美しさと強さを見るのです。

一日の最後を、悩みごとを抱えて
終わらせてはいけません。
雑念を頭から追い出し、
リラックスして明日に向かいましょう。

気持ちよく眠るために、寝る前に一〇分でいいですから、坐禅を組んでみてはいかがでしょう。私たちは腰に当てる坐蒲《ざふ》というものを使いますが、それがない場合は座布団を二つ折りにして輪のほうを外側に向け、その上に腰を下ろします。

結跏趺坐《けっかふざ》（両足の甲を反対の太ももの上に載せて座る）ができればいいのですが、難しいようであれば半跏趺坐《はんかふざ》（片方の足の甲だけを反対の太ももの上に載せて座る）でかまいません。足を組んで背筋をのばし、下腹を前に突き出すような姿勢を保ちます。

おへその七五ミリくらい下にある丹田《たんでん》を意識しながら、深くゆっくりとした呼吸を繰り返します。

もし、半跏趺坐も正座も難しければ、椅子に座ったままでもかまいません。重要なことは背筋をピンとのばし下腹をぐんと前に突き出すことと、深く丹田呼吸をすることです。

禅僧が坐禅を組むのは、無の境地になるためです。

無の境地とは、いっさいの雑念を追い払い、雑念を頭に留めないことです。

大切なのは、頭に浮かんできた雑念に取り合わないことです。頭に留めず、流すような気持ちでいると自然と消えていきます。

心配ごとや悩みごとというのは、不思議なことに夜に襲ってくるものです。

いくら考えまいとしても、どうしても考えてしまう。いつまでも眠れず、考え過ぎて目が覚めてしまうなど、そんな経験は誰にでもあるものです。

昼間にはたいしたことがなかった心配ごとが、夜に床に入ると、さも大きなことのように思えてくるので、寝つけなくなってしまうのです。

こういうときこそ、眠る前の坐禅が効果的ではありますが、なかなか思うように雑念が去ってくれないこともあるでしょう。

そんなときは、「今それを考えても仕方がない。また明日になってから考えることにしよう」と、思ってみるのもいいでしょう。

そもそも、夜に悩んだところで、解決できるわけではありません。あれこれ思い悩んでも仕方がないのです。「明日は明日の風が吹く」と気持ちを切り替えることです。

悩みや心配ごとをやり過ごすことや気持ちの切り替えは、ふだんから坐禅をすることで上手になってくるはずです。

坐禅でなくても、好きな音楽を聴いたり、趣味の写真集に目を通したりするのでもいいと思います。アロマを焚《た》いたりするのもいいでしょう。

大切なことは、一日の終わりを、悩んで終わらせるのではなく、気持ちを落ち着かせ、リラックスして明日に向かうということです。

過去に心を置くのではなく、新たな明日を思い描きながら眠りにつく。その繰り返しが人生なのです。

時間に「結界」をつくる。
それが、嫌なことを断ち切る方法であり、
心をリセットする方法です。

心をリセットする習慣はとても大切です。きちんとリセットできると、不平や不満、悩みなどがそれ以上に深刻になったり、複雑になることはありません。前項で坐禅を紹介しましたが、立禅《りつぜん》というものもあります。立ったままで坐禅を組むということです。

私たち禅僧は、日頃から坐禅を組むことを習慣とし、それは生きることと同じくらい大切なことです。しかし、お寺にいるときはいいのですが、出かけたときなどは坐禅を組む場所がありません。

そんなときには、立ったままで坐禅を組むこともあります。これが立禅です。身体をまっすぐにして立ち、深く丹田呼吸を繰り返します。雑念を払いながら、何も考えない時間をつくるのです。

ほんの数分間で頭がスッキリとして、深くリラックスできます。

坐禅が十分に習慣になっている人にしかなかなかできることではないかもしれませんが、少し紹介をしておきましょう。

たとえば毎日の通勤時間。電車の中で立ちっぱなしになることも多いでしょう。そんなときにこそ立禅をしてみてはいかがでしょう。

吊革につかまったまま、静かに目を半眼《はんがん》にし、丹田に意識を集中させる。深い呼吸をしながら、浮かんでくる雑念を受け流していく。ただそれだけで、いつもの通勤時間が、とても意味深いものになるはずです。

あるいは、昼休みに、屋上や公園などに行き、静かに立禅をしてみるのもいいかもしれません。

また、日常生活において自分のデスクに座ったまま、ほんの少しの時間を見つけて坐禅を行ってみると、少しずつリセットする感覚が身についてくると思います。

坐禅とは、心の結界のようなものだと思います。

会社にいる時間、家庭での時間、そのほかさまざまな時間に私たちは身を置いていますが、常に流れている時間に、自分自身で結界をつくることが大事なのです。

午前中に嫌なことがあったとしましょう。その嫌なことを時間の流れに任せておけば、その嫌な出来事はいつまでも記憶となってあなたを追いかけてくるに違いありません。

そうならないように、「午前」と「午後」の間に心の境界線をきっぱりと引いてみてください。

「昨日」と「今日」の間でもいいでしょう。「さっき」と「今」でもいいのです。**時間の流れに任せるのではなく、自身の心で嫌な流れを断ち切ってしまうことです。**

昨日のことを引きずらないために、午前中の嫌な気分を引きずらないために、心の中に結界を生み出すこと。それが坐禅というものだと思います。

お墓参りとは、
故人の「二度目の死」を遠ざけるためであり、
自分を見つめ直すためにするものです。

先にも述べましたが、仏教の世界では、人間は二度死ぬと考えられています。一度目の死とは、言うまでもなく肉体の命が終わるときのことです。これは万人のもとに訪れます。

二度目の死とは、生きている人々の記憶からなくなったとき。つまりはその人の存在を人々が忘れてしまったときです。

それが人間として、本当の死ではないでしょうか。

そういう意味からすれば、お墓とは二度目の死を遠ざける役割を果たしているのかもしれません。

すでに亡くなった祖父母や両親の記憶は、時が経つにしたがってどんどん薄れていきます。亡くなって間もなくは、悲しみに浸っているでしょうけれど、時間が経つにつれ、悲しみは薄れてきます。それは悪いことではありません。いつまでも悲しみを持ち続けて生きるよりも、忘れることで生きていくことができるのです。そのためにも、忘れるのは大切なことでもあると思います。

いつしか悲しみが癒えて、日頃の暮らしの中では故人を思い出すことが少なくなってくる。そんなとき、私たちは、大切な故人を二度失わないために、そして心の中にいつまでも仏様として生かしていくために、お墓へと足を向けるのです。

お墓の前に立つと、昔の思い出が蘇ります。亡くなった父親の声が聞こえてくることもあるでしょう。母親の笑顔がそこに現れることもあるでしょう。故人の面影に触れることで、心の中に生き続けるということになるのです。

お墓参りとは、故人の供養のためだけではないと私は思っています。

もしかすると、半分は義務感で行っている人も多いかもしれません。とくに若い人たちは面倒くさいなと思うこともあるでしょう。それでもお墓の前に立つと、不思議と心が落ち着くものです。お墓の掃除をしながら、水を柄杓《ひしゃく》でかけながら、ついお墓に話しかけたりするものです。

「父さん、俺は会社を辞めようと思っているけど、どう思う？」

「母さん、娘が反抗期で言うことを聞かないのよ。母さんはそんなときどうしたの？」

誰にも言えないことや、相談できないことも、お墓の前では言えたりします。

もちろん、答えが返ってくるはずもありません。それでもお墓参りが終わった頃には、どこか心がスッキリとしていたりするものでです。

どうしてそのような気持ちになれるのでしょうか。

それはきっと、お墓に向かって話しかけることで、自分自身の頭の中が整理されるからだと思います。

誰にも言えずに悶々《もんもん》としていたことも、言葉にしてみると、悩みの本質が見えてきたりするものです。

言葉にすることで、心がシンプルになるのです。

「よく考えてみれば、そんなことで悩む必要もないな」「少し考え過ぎていたな。原点に戻って、本当の自分と向き合ってみよう」。そんなふうに素直に自分と向き合って、自問自答することができるからではないでしょうか。

家族の絆が薄れている時代だと言われていますが、家族とは人間にとっての原点です。しかし、深い絆があることで、その溝が深まることもあります。愛するがゆえに生まれるさまざまな葛藤があるものです。

「五年間も父親とは絶縁状態です。私としてはなんとか父との関係を修復したいのですが、なかなか父は受け入れてくれません。どうすれば絆を取り戻すことができるでしょうか」

三〇代半ばの女性から、そんな相談を受けたことがありました。話を聞けば、どうやらその女性の結婚に、お父さんは大反対をしていたらしいのです。どうしても結婚するのなら、親子の縁を切るとまで言われたそうです。

しかし、女性は父親の反対を押し切って結婚しました。結婚後も、なんとか父親との関係を修復しよう、そして結婚を認めてもらおうと、その女性は何度となく父親に頼んだそうですが、無駄だったそうです。

五年間もそのような状態が続き、彼女の心も疲れ果てて「もう、一生疎遠になってもいい」と思うようになり、思い余って私のところに相談にやってきたのです。

「お父さんをお墓参りに誘ってみてはどうですか？」と私は言いました。

女性はその意味がわからないという顔をしています。それでも私は、それ以上の言葉を発することは控えました。ただ、お墓参りに行ってみてはどうですかと話しただけです。

言葉の意味もよくわからないまま、彼女は父親をお墓参りに誘ってみることにしたのです。

もともと信心深い父親です。お墓参りを断る理由など見つかるはずもありません。そうして両親とその女性、そして女性の夫の四人でお墓参りに行ったそうです。

四人は黙々とお墓の掃除をしました。父親はひと言も発することなく、娘夫婦と目を合わすこともありませんでした。

ひと通りのお参りを済ませると、父親はさっさと帰ろうとします。「やっぱり駄目だったか」。女性がそう思ったとき、父親が娘夫婦を振り返り、言いました。

「娘のことを、どうかよろしく頼みます」

まっすぐに娘の夫を見て、深々と頭を下げたのです。

この父親の言葉を聞いて、女性の夫は人目もはばからずに涙を流したそうです。

お墓とは、そういう場なのかもしれません。家族の絆を見失わないための、大切な場なのだと私は思っています。

第5章

生き方をシンプルに

自分の心を喜ばせるのが上手な人は、
周りの人を喜ばせることも上手です。
そういう人は、不満がありません。

私のところにはさまざまな悩みを抱える人も多く訪れますが、私がそういう方々を見ていて思うのは、解決しなければ前に進めないような悩みというのは実はとても少なく、多くの場合、不満をどう処理したらいいのかわからない、という人が多いように思います。

大切なことは、まず自分の心を喜ばせてあげることです。不満ばかりで、そんなことはできない、と思うかもしれませんが、それは逆です。

自分の心を喜ばせてあげると、不満が消えていくのです。

不満を消したら喜びにあふれる幸せが待っていると思うかもしれませんが、すべての不満を解消することなどできないのです。

どうして不満はなくならないのかというと、それは、自分の中で次々と新たな不満を生み出しているからです。ひとつの不満を解消すれば、一時は安心したり満足したりします。しかし、しばらくすると、また違う不満が現れる。どうやら人間にはそのような悲しい性《さが》があるようです。

ひとつの説話を紹介しましょう。

昔中国に、一人の修行僧がいました。その修行僧は毎日全国各地を行脚しながら修行を積んでいました。

朝から晩まで歩きつづけ、毎日知らない町で今日の宿を探します。お金などありませんから、各地のお寺に泊めてもらうのです。お寺のない村に行けば、雨露をしのげる場所で野宿をします。

ある日、その修行僧は山奥の村に辿り着きました。すっかり日も暮れて、今夜の宿を探さなくてはなりません。そこにたまたま通りかかった村人に、修行僧が尋ねました。

「このあたりで、一夜を過ごせる場所はありませんか」

村人は少し考えてから言いました。「そう言えば、山の上にお堂があったな。でも今は誰もおらず、すっかり荒れ果てているので、泊まるのは無理だな」

それでも修行僧は、そのお堂への道を教えてもらおうとしたのですが、村人は、そこには泊まらないほうがいいと言うのです。

「幽霊が出るという噂がある。昔住んでいた和尚が夜な夜な幽霊となって出てくるそうじゃ。やめておいたほうがいい」

修行僧は、和尚様の幽霊なら一晩中でも話し相手になってくれるだろう。そう考えて村人が引き留めるのを振り切って、お堂へと向かったのです。

お堂に着くと、天井は半分抜け落ち、床もボロボロでした。大きく開いた壁からは風が入ってきます。

修行僧は横になって、こう思いました。

「抜け落ちた天井からは美しい月明かりが入ってくる。四方から吹いてくる風は、部屋の中をきれいに掃除してくれている。暗闇を照らしてくれる月明かりは、まるで私を出迎えてくれているようだ」

そしてこの瞬間、修行僧は大変豊かで幸せな気持ちに包まれたのです。

しかし、違う見方をする人もいるでしょう。

「なんとひどいお堂なんだ。しかも幽霊が出るかもしれないとは、最悪のお堂に来てしまった」

目の前の事実はまったく変わりません。でも、このように最悪だと思う人もいれば、修行僧のようにすばらしいと思う人もいるのです。

出来事というのは、自分がどう思うかで、まったく違う現実になるということです。

これは、誰の人生においても同じことが言えるでしょう。

日々の暮らしの中ではいろんなことが起こります。そして、その出来事すべてに、「良い部分」と「悪い部分」の両面があるものです。

「良い部分」に目を向けられる人には、目の前の出来事は良きものになるでしょう。反対に「悪い部分」に目を向ける人には、「最悪」の出来事になるのです。

たとえば、休日に家族でキャンプに行く計画を立てたとします。子どもたちと一緒に準備をして、その日を楽しみにしていました。

ところが当日、朝から雨が降っていました。

そのとき、どう思うでしょうか。

雨に濡れるし、計画していたこともできず、最悪だ。そう思ったら、最悪のキャンプになるでしょう。

でも、雨降りのキャンプもまた面白いと思ったら、雨降りのときにしか見られない景色を見ることもできるのです。その結果、思い出深い楽しい一日を過ごすことができるでしょう。

実際のところ、雨降りを鬱陶《うっとう》しく思っているのは大人だけです。子どもたちにしてみれば、「雨降り」ということよりも、「親が雨を鬱陶しく思っている」ということのほうが、面白くないのではないでしょうか。

子どもが「楽しかったね」と親に言っても、親が「雨で最悪だったね」と言えば、子どもたちの心には寂しい思い出しか残りません。

「雨降りのキャンプも楽しかったね。今度は晴れの日にまた行きたいね」

親のそんな言葉を聞くことで、子どもは「良い部分」に目を向けることができるようになります。

このように、一見、嫌な出来事に出会ったとき、どれだけ「良い部分」を見ることができるか。それが上手な人は、自分の心を喜ばせることが上手な人です。

そしてそういう人は、周りの人を喜ばせるのも上手な人だと思います。

そういう喜びに囲まれていると、いつの間にか不満は減っていくのではないでしょうか。

「当たり前」をたくさん見つけて、
「当たり前」を大事にする。
それがシンプルな生き方なのです。

私たちは、当たり前のように呼吸をして生きています。ですから毎日呼吸ができることに、いちいち有り難みを感じる人も少ないでしょう。ところが高地などに登ると、酸素は薄くなります。ですから一生懸命に息を吸おうとしても、十分に呼吸ができなくなります。そんな状況になれば、毎日酸素があって、当たり前のように呼吸できることがとても貴重なことだと思えます。

健康についても然《しか》りです。朝起きて朝食を食べることも当たり前。電車に乗って会社に行くことも当たり前。買い物に出かけることも、他愛のない会話を交わすことも、通りに咲く花を見ることも当たり前。

日常、当たり前に囲まれることは、とても幸せであるはずですが、おそらく感謝の気持ちなど、なかなか湧いてこないものではないでしょうか。

それでいて、病におかされたり、食事ができなかったり、電車が動かなかったり、歩くこと、話すこと、見ることができなくなったとたんに、「なんて有り難かったのか」と気づくわけです。

日常生活の中にある当たり前のもの。それを大切にすることこそが、まさにシンプルに生きることにつながるのだと私は思っています。

私は毎朝目が覚めたとき、「今日という一日を迎えることができた。有り難い有り難い」と心の中でつぶやきます。

これは大げさなことでも何でもありません。私たち人間には、定められた命の長さがあります。それを仏教では「定命《じょうみょう》」と言います。

そしてこの「定命」が終わるときを、私たちは知りません。

もしかしたらそれは今日かもしれないし、眠っている間かもしれないのです。

いつ自分の命が尽きてしまっても、それを受け入れる。そういう心の準備を常に持つようにしています。

このように、常に死を考えることは、いたずらに恐怖を持つことではありません。

どうせ死ぬのだからと投げやりな気持ちになるわけでもありません。

いつ死がやってくるかわからないからこそ、生きている今という瞬間を大切にしたい。いかに今を充実させるかに心を尽くしたいという気持ちを持つことができるのです。

つまり、死を考えることは、すなわち今を生きるということでもあるのです。

人間はこの世に生まれてきて、それぞれに与えられた時間を生き抜いて、そして死んでいきます。その与えられた時間を、「どうせ死ぬのだから」と考えるのではなく、「せっかく生かしていただいているのだから」と考えるのです。

当たり前のように生きている今という時間を大事にしていくこと。人生とは今日という一日の積み重ねの上にあるのです。

幸せな人は、
ただ、「当たり前」に感謝できる人です。

「家族のために毎日家事に追われているのに、全然、感謝されない」

そんな不満を口にする女性もいるでしょう。料理や掃除、洗濯、それ以外のこまごまとした雑事は終わることがありません。それは毎日のことですから、家族にとっては、当たり前になっていきます。

しかし、「感謝されない」と思うことは、お互い様かもしれません。

たとえば、夫が出勤する前にゴミを出してくれたことに、感謝をしたでしょうか。子どもが元気に起きてきたこと、食事をしたことに感謝をしたでしょうか。今日もみんな元気だったことに感謝をしたでしょうか。

このように、当たり前に感謝するのは、何も夫や子どもに対してだけではなく、すべてに対して同じことなのです。

そうであったら、ぜひあなたから「ありがとう」と言ってみてはどうでしょう。

夫がしてくれたこと、子どもがしてくれたこと、友だちがしてくれたさまざまな当たり前の出来事に、あなたから感謝を伝えてみるのです。

するとそれは当たり前の出来事ではなく、感謝と愛情の出来事になるのです。

私たちの生活は、たくさんの当たり前によって成り立っていますが、それはすなわち、たくさんの感謝によって成り立っているということです。

素晴らしい家に住んでいるからといって、そこに幸せがあるとは限りません。豪華な夕食に幸福があるのではありません。幸福とは形ではないのです。

「幸せになる」という言い方をします。どうすれば幸せになれるのか。何があれば幸せになれるのか。そして誰が私を幸せにしてくれるのか。口々に人はそのようなことを言います。

幸せになるための「物」は、この世にありません。幸せにしてくれる「人」も存在しません。

幸せというのは、「なる」ものではなく、自らの心が「感じ取る」ものなのです。誰かがあなたを幸せにしてくれるのではなく、その人がいることで、あなたが幸せを感じるということなのです。

幸せを感じるためのいちばんの近道は、当たり前に感謝をすることです。

自分の直感を信じて、選択する。
それは、人に惑わされず、
自分の人生を生きるということです。

私の知り合いの男性が癌を患いました。早急に手術をしなくてはならないということで、その男性は知り合いの医師を通して、国立の大学病院で精密検査を受けました。知り合いの紹介ということもあって、その病院の外科部長に診察をしてもらうことができました。そこはトップクラスの病院で、かつ外科部長ですから、なかなか診察などは受けられないような人です。

精密検査の結果、やはり早急な手術が必要だということで、手術もその外科部長が執刀してくれるというのです。男性にとっては願ってもないことで、心強い思いだったのです。

手術がどのように進められるのかを聞くと、外科部長は背中からお腹に向けて、まるで袈裟懸《けさが》けのように大きく切り開いて手術をすると言います。

「そんなに切らなくてはいけないのでしょうか」と男性が尋ねると、「大変な手術だから、背中を大きく開けないとできない」という答えが返ってきました。

最初は「仕方がないか」と思っていたのですが、だんだんと納得できない気分になり、そして嫌な予感まで頭をもたげてきたので、ほかの方法はないものか、ほかの医者はいないものか、自分でいろいろ調べはじめました。

するど、ある地方病院に、優秀な医師がいるという情報を得て、男性はすぐさまその病院を訪ねました。

診察をしてくれた医師は、国立病院での外科部長のような権威はありませんが、とても穏やかで、心が癒されるような医師でした。

精密検査の結果は、大学病院の結果とまったく同じで、とにかくすぐに手術をしたほうがいいと言われたそうです。男性はここで再び確認をしました。

「手術は背中を大きく切らなくてはいけないのでしょうか?」と、恐る恐る聞くと、その医師は、思いがけないことを言ったのです。

「とんでもない。そんなことをすれば術後の経過が心配です。できるだけ切る部分は小さくしたほうがいい。背中を大きく切る方法を取る人もいますが、私はそんなことはしません。大きく切らなくても手術は完璧にしますから、安心してください」

この人に任せよう――。

そう思えたら、男性は安心して手術に臨むことができました。そして一〇針縫っただけで、十日後には退院できるまでに回復したそうです。この医師は、この部門では神の手と呼ばれる医師だったのです。

もちろん大学病院の医師を悪く言うつもりはありません。きっと同じような術式を取る医師もたくさんいるのでしょう。

私が言いたいことは、世間の評価やブランドなどを盲信せず、自分自身の直感を信じたほうがいい、ということです。

人はつい「色眼鏡」をかけて物事を判断してしまうものです。まずはその「色眼鏡」を外して、自分自身の「目」で物事を見ることが大事なのです。

直感というのは何の根拠もありませんから、非科学的だと言う人もいるかもしれません。それでも、自分の心の声、直感に耳を傾けることは、とても大事だと思っています。

直感は言ってみれば、その人が生きてきた経験から培われたものであり、さまざまな人たちと接し、多くの経験を積み重ねてきた中で得た感覚ではないでしょうか。自分だけの、自分の心に蓄積されてきた見えない情報と言えるかもしれません。

ということは、直感に従うということは、自分自身を信じるということになるのだと思います。

目の前にAという道、Bという道があったとしましょう。多くの人たちはAの道を歩んでいる。周りの人たちもAの道を勧めてくる。しかし、どうも自分にはその道に違和感を持っているという場合。

そんなときには、迷うことなくBの道を選ぶことです。そのときの直感に従うことです。

私たちは常に選択をしながら人生を歩いています。どの道にも正解というものはありません。自分自身が選択した道。それが正解なのです。

自分自身の直感で選んだ道、自分の心に正直に従って進んだ道。もしもその道の途中に困難が待ち受けていたとしても、自分が選んだ道であれば困難に立ち向かうことができるものです。

ところが、世間の声や評判によって選んだ道であれば、そこに困難があったときに心は後ろ向きになります。

「ああ、やっぱり別の道にしておけばよかった」「自分はあっちの道に行きたかったのに、あの人のアドバイスのせいで困難にぶつかることになってしまった」。このように、結果を誰かのせいにしようとしてしまいます。

人のせいにしたり、社会や環境のせいにするのは簡単なことですが、それを繰り返しているうちは、自身の人生を歩んでいることにはならないのではないでしょうか。

ほかの誰かの道を歩かされていることと同じなのです。

「水急不月流（みずきゅうにしてつきをながさず）」という禅語があります。どんなに川の水の流れが速くとも、水面に映っている月影は流されることはない。川の流れとは、すなわち世間の波風を表しています。そして水面に映る月影は、あなた自身の心を指しているのです。世間に流されないで生きることの大切さを説いた禅語です。

迷いが生じたとき、自分の心に目を向けることです。

「自分はどうしたいのか」。シンプルにそう考えることで、あなたの中にある直感が知恵を貸してくれるのです。

自分の好きなことをする。
一流になれなくても、頂上まで登れなくても、
頑張った自分を褒められるかどうかが
大事なのです。

「自分のやりたいことが見つからないんです」「自分にはどんな仕事が向いているのかわからないんです」

私は大学で教鞭を執っていますから、ときおり学生からこのような相談を受けることがあります。そんなとき私は、ひと言だけ彼らにアドバイスをすることにしています。

「あなたが心から好きだと思えることをやればいいんだよ」

自分がやりたいと思っていることをやる。とてもシンプルなことです。

また、「好きなことだけして生きよう」という論調が世間にはあるようです。私が言わんとしていることと同じでしょうけれど、この言葉を誤解している人も多いように思います。

とにかく楽しく生きていればいいんだと、刹那的に解釈をしている人たちがいるのです。

私が言う「好きなことをしなさい」という言葉の裏には、「好きだと思えることを必死になってやりなさい。できる限りの努力を惜しむことなく、それと向き合って生きていきなさい」。そういう意味が含まれているのです。

またそのようにひたむきにやらずして、好きかどうかなど、わからないものなのです。

ただ、人間には得手不得手があります。いくら野球が好きだからといって、みんながプロ野球選手になれないことは明白です。

また、伝統工芸品を創る仕事に就きたいと思っても、手先の不器用な人ならば、一流になるまで、かなりの努力を要することでしょう。

人間はみんな、可能性と能力が備わっていますから、たとえ不得手なことでも、一生懸命に努力を重ねれば七割くらいまでは到達することができます。誠心誠意取り組めば、どんな仕事でも七割まではできるようになるものです。

しかし、残念ながら不得手な分野でいかに努力をしても、九割に届くことはありません。

長い人生で仕事というものを考えたとき、誰もが頂上に到達するわけではありません。五合目で終わる人もいれば、七合目まで登る人もいると思います。中には早くに頂上に登り詰める人もいるでしょう。そして今の社会は、頂上に登り詰めた人だけが評価されるような風潮があります。

しかしながら、もしも七合目までしか登れなかったとしても、一生懸命にここまで登ってきた自分を褒めてあげることです。人生は結果がすべてではありません。長き道を歩んでいく、そのプロセスこそが大事なのです。

頂上まで登れたかどうかではなく、誠心誠意どんな努力をして、そこまでたどり着いたのかが大事なのです。

その満足感こそが、幸福感につながっていくのだと思います。

これを自己満足だと思う人もいるかもしれません。しかし、自己満足でいいのではないでしょうか。

本気で努力してきた自分自身に満足する。それはとても素晴らしいことだと思います。他人からの評価ばかりを求めるのではなく、自分自身で評価をしてあげることです。

自分を褒め、評価できたときには、間違いなく、あなたはその仕事を好きになっているでしょう。

好きだから努力もできるし、努力できることは、好きなことなのです。

天職は、与えられるものではありません。
今ある場所も、
誰かが良くしてくれるのではありません。
すべてあなた次第なのです。

「天職」という言葉があります。自分はこの仕事をするために生まれてきたと思えるような仕事のことです。

しかし、「天職」と出会える人は、ほんのひと握りです。自分が得意だと思える仕事をただひたすら、一生懸命にやる。その過程を通して、その仕事が「天職」になっていくのだと思います。

つまり「天職」とは与えられるものではなく、自分の力で発見するものなのではないでしょうか。

たとえば、自分の仕事をどうも好きになれないという人が、「天職」という言葉に惑わされ、職を変え続けたところで、天職に出会えるとは思えません。

どんな仕事も、一年や二年でその仕事の本質はわからないものです。楽しさがわからないうちは、おそらくその仕事の意味もわからないでしょう。

まずは最低でも三年間は、必死になってその仕事に取り組んでみることです。

仮に「自分には向いていないかもしれないな」「この仕事は好きになれないな」と思ったとしても、とにかく三年間は身を置いてみる。たとえそのあとで転職したとしても、その三年は必ず活きてくるものです。

「人間到処有青山（じんかんいたるところせいざんあり）」という禅語があります。

人生には、うまくいかないこともあります。今の仕事が向かないと思うこともあれば、今の会社が好きではないと思うこともあるでしょう。そこで別の場所を探しはじめることもあると思います。

しかし、完璧な場所などどこにもありません。

探すのではなく、今自分がいる場所を良きものにすることです。

人間はどこにいようが、どんな仕事をしていようが、自分次第でその場を青山にすることができる。どこでもことを為《な》すことができるという教えです。

大切なことは、今自分がいる場所を、良きものにすることです。

嫌だなと思うのであれば、好きに変えるためにどうすればいいのかを考える。向いていないなと思うならば、器用にできる方法を考えてみる。すべては自分次第です。

よそ見をせずに、今立っている場に心を尽くすことです。

自分次第で、今の場所はどのようにも変えられる。そう思い至ってはじめて、スタートラインに立ったということです。

主体的に生きる。
それだけで、あなたの悩みすらも、
誰かのために活かすことができるのです。

世の中はたくさんの情報があふれています。ＳＮＳやメディアなどを通して、消化できないほどの情報が押し寄せてきます。

「私はこのようにして生きている」「これからの時代は、みんながこのような生き方をするべきだ」などと、メディアでさまざまな声が紹介されていると、自分には関係がないと思いつつも、ときには自分が否定されたような気持ちを抱くこともあります。

たとえば、「今の女性は三〇歳で結婚し、三二歳で第一子を出産し、半年間の育休を経て職場に復帰する」など、いわゆる「平均値」なるものが提示され、さもこれが理想的な現代女性の生き方であるかのように報じられます。

しかし実際のところ、人生はボードゲームではないのですから、スケジュール通りに進んでいくはずはありません。

私の知り合いの四〇代の女性は、大学を卒業後、三年ほど会社勤めをし、二五歳のときに結婚しました。間もなく三人のお子さんが生まれ、専業主婦の生活を送っています。

もともとその女性は、結婚したら仕事を辞めて家庭に入ることを望んでいましたが、さまざまな情報に触れるたびに、社会から取り残されたような気持ちになると言うのです。そして「あなたはいつ仕事に復帰するの?」「家庭を守るだけの生活なんて、とても私にはできないわ」「仕事のストレスがなくていいね」などと友だちに言われると、なんとなく責められているような、情けないような気持ちになるそうです。

これはこの女性に限った話ではありません。独身で仕事をしている人の中には、結婚できないことを悲観している人もいるかもしれませんし、結婚してもキャリアを積んでいる人の中には、子どもが授からないことに複雑な感情を持っている人もいるでしょう。

このように、どんな人も何かしらの悩みを抱えているもので、世の中にはそれを否定するかのような報道が数多く流されているのです。

仕事をしているかどうかとか、子どもがいるかどうかとか、キャリアがあるかないかといった状況について、世間に合わせる必要も、それを気にする必要もないでしょう。

大切なのは、自らそれを選び、そこに喜びを見出し、何を成し得たいのか。つまりどう生きたいのかが、はっきり見えているか、ということです。つまり、主体的に生きているかどうか、だと思います。

結婚したくてもできないという人は、なぜ結婚したいのか、なぜできないのかをきちんとわかっているかどうか。それを考えてみると、解決策は思ってもみないところに潜んでいるかもしれません。

子どもが授からずに自己嫌悪を感じている人は、同じ悩みを抱えている人と共感することで、違う道が見えてくるかもしれません。

仕事に復帰したいけれど保育園がないという人は、そういう場を自らつくることだって可能なのです。

主体的に生きている人は、人生を切り拓いていく人と言えるでしょう。

周りの人の意見や、情報、世間の声を聞くことが大切なこともあるでしょう。

しかし、すべては自分がどう生きるのか、それが前提になければいけないのではないでしょうか。

そう考えたとき、悩みだと思っていたことが、大きなチャンスにつながることもあるのです。

そもそも仕事とは、「誰かの悩み、誰かが困っていることを解決する」ことです。

「アート引っ越しセンター」を立ち上げた寺田さんご夫妻は、何度も引っ越しを経験し、そのたびに面倒な思いをしてきました。そんな主婦の苦労を減らすために、運送業を立ち上げたそうです。その結果、大成功を収めたことは言うまでもありません。

それ以外にも掃除や洗濯など、主婦を助ける便利グッズは、主婦の「悩み」や「困った」から生まれた物が少なくありません。

「そんなことができる人は、特別な人だけだわ」と、これを他人事にしてしまうのは簡単ですが、しかし誰もがこのような発想ができるということです。

たとえば、あなたの悩みが、たくさんの人の役に立つと考えられたら、勇気ある一歩が踏み出せるのではないでしょうか。

自分の悩みを放っておくのではなく、あるいは誰かのせいにするだけでなく、自分の力で解決することはできるのです。

社会に対して不満ばかりを口にする。自分自身で解決しようとせずに、すべてを会社のせいにしたりする。誰かが何かをしてくれるのを待っているだけでは、悩みが解決しないばかりか、あなたの大切な能力が埋もれたままになってしまうこともあるのではないでしょうか。

いつも何かをしてもらう側に身を置いているのは、人に委ねた人生と言えるかもしれません。

主体的に生きてこそ、人生の喜びを味わえるのだと思います。

淡々とした日々の繰り返しでも、
同じ日は一日もありません。
何気ない日常に尊さがあるのです。

私たちの生活には「晴れ」と「褻《け》」があります。「晴れ」というのは旅行に行ったり、家族で食事に出かけたりなど、日常を離れた特別な日のことです。「褻」とは日常のことです。淡々とした日々の暮らしのことです。

つい私たちは「晴れ」の日を求めてしまうものです。刺激的な喜びや楽しさを追いかけて、それが大事であり、それを求めることが人生を楽しむこと、幸せなのだと思ってしまいます。

しかし、その「晴れ」の日が長く続くことはけっしてありません。

たとえば旅行にしても、一年に一度や二度であれば、それは「晴れ」の日になるでしょう。しかし、もし一年に一〇回も二〇回も行ったとしたら、それはもう特別なものではなくなってしまいます。旅行さえも「褻」になってしまいます。

私たち禅僧は、一年中、ほぼ変わることのない生活を営んでいます。私の場合は、朝は四時半に起きて、雨戸を開けたり、境内の門を開けて回り、同時に境内の諸仏にお参りをして回ります。その後、境内の掃除などをしたあとに、お堂内の諸仏にお茶を供えて回ります。

そのあと、短い時間ではありますが、坐禅をして朝のお勤めを行います。

これはほぼ決まっていることで、毎日がその繰り返しです。

しかし、そこに飽きがくることはありません。そのひとつひとつの決められた作業を丁寧に、心を込めて勤めること。それこそが修行の本質だからです。

そして、同じことをしているようで、日々違うものだからです。

毎朝唱えるお経にしても、昨日と今日では違ってきます。もちろんお経そのものは同じですし、周りから見れば同じように唱えているように見えるでしょう。ところが私自身の心では、毎日が新しいものなのです。

日によって、声の出方も違います。朝の第一声で良い声が出れば「ああ、今日は体調がいいな」と思いますし、その逆であれば「少し体調が優れないようだから気をつけよう」と自分自身に言い聞かせます。

加えて言うならば、お経も一〇年、二〇年前よりも、多少なりとも上手にあげることができるようになっていると思います。自分でも気づかないうちに成長しているのです。

これは私だけではなく、誰もが毎日、同じことの繰り返しの中に、違う自分が存在しているのです。日々の中に必ず成長と変化があるからです。

「安閑無事《あんかんぶじ》」という禅語があります。読んで字のごとく「安らかで平穏な状態」を意味します。何の心配事もなく、静かに過ぎてゆく日々こそが、幸せな日々であるという教えです。

毎日、同じことの繰り返しに飽きがきて、こんな生活はつまらない、きっとどこかに刺激的でワクワクするような生活があるはずだと思うこともあるでしょう。しかし、そんな輝くような生活は、幻想に過ぎないのです。

ワクワクするような一日は、日々の淡々とした暮らしがあってはじめて、存在するのです。

代わり映えのしない日々を、つまらないと考えるのではなく、今日も昨日と

同じように無事に過ごすことができたと考えてみてください。

淡々とした日々に感謝をしながら、目の前のやるべきことをしっかりとこなしていく。その繰り返しが三六五回続けば、安閑無事な一年を過ごせたということです。

同じことを繰り返すことの尊さ。淡々とした日常の中に宿っている尊さ。そこに目を向けることが、丁寧な生き方ではないでしょうか。

慌てることも急ぐこともなく、心を込めて丁寧に生きる。それこそが何気ない日常の中にしか見出せない喜びであり、それを多く感じられる人が、幸せな人だと私は思います。

あとがき

ウルグアイ第四〇代大統領のホセ・ムヒカさん。彼は世界でもっとも貧しい大統領と称されています。

貧困家庭に生まれたムヒカさんは、幼い頃から家畜の世話や花売りなどをしながら家計を助けていたそうです。そんな経験の中から、彼は何を見て、何を学んできたのでしょう。きっと、人間にとっての幸福とは何かを考え続けてきたのだと思います。

人間を幸福にするもの。それはけっして経済的な豊かさや物の多さではないということに彼は気づいていました。

大統領になってからも、クレジットカードをつくることもせず、銀行口座も持ちませんでした。大統領の一か月の報酬は、日本円で約一一五万円でしたが、その九〇%を社会福祉基金に寄付しました。個人としての資産は一八万円相当の愛車、一九八七年型のフォルクスワーゲンのビートルだけです。

政府が用意した立派な公邸に住むこともせず、郊外の農場で暮らしていました。公務の合間を縫って畑仕事や養鶏にも励んでいたそうです。

周りから見れば、それは貧しい生活に見えるかもしれません。しかしムヒカ大統領は、その質素な生活の中にこそ真の幸福を見出していたのだと私は思います。

このムヒカ大統領を一躍有名にした出来事がありました。二〇一二年六月に開催された国連のリオ会議でのスピーチです。

リオ会議のテーマは「持続可能な開発」というものです。地球環境を考えながら、持続可能な開発を模索していくために、先進国が主体となってどう取り組むかを考えるものでした。

開発途上国は先進国にならい、地球環境を守りながら、さらなる発展を目指し、それを声高に叫ぶ先進国の代表たちが多くの人の目に留まりました。

そして会の最後に、ムヒカ大統領が演壇に登ったのです。南米から来た小さな国の大統領。そんなスピーチは聴く必要がないと、各国の代表は会場をあとにしていました。

ムヒカ大統領の第一声は次のようなものでした。

「この会でずっと話されていたことは、持続可能な発展と世界の貧困をなくすことでした。それは裕福な国々の発展と消費モデルを真似することでしょうか。質問させてください。ドイツ人が一世帯で持つ車と同じ数の車を、インド人が持てば、この惑星はどうなるのでしょうか」

がらんとした会場の中に、ムヒカ大統領の声が響きました。そこにいる人は少なくても、彼のスピーチはしっかりとカメラがとらえていました。

「物の豊かさだけが、私たちにとって幸せなことなのか。持続可能な発展だけが人間にとっての幸福なのでしょうか」

強烈な疑問を、ムヒカ大統領は世界に発信したのです。そして、世界中の人々の心に届いたひと言が発せられました。

「貧乏な人とは、少ししか物を持っていない人ではなく、無限の欲があり、いくらあっても満足しない人のことです」

このひと言に、世界中の人々が立ちすくんだことでしょう。それは、このひと言があまりにもシンプルで、本質的な幸福感を表していたからだと思います。

私もこのスピーチを読んだときには感動を覚えました。しかし、私が何より感動したのは、ムヒカ大統領のスピーチそのものではありません。世界中の人々が彼のスピーチに心を奪われた、そのことに感動を覚えたのです。

どうしてムヒカ大統領のスピーチが世界中の人々の心に届いたのか。それは多くの人々が、経済的な豊かさだけが人間の幸福につながるものではない、人間にはもっと大切なものがある、心のどこかでそう感じていたからだと思うのです。

私たち日本人も然りです。街は物であふれ、遠慮のない欲望が渦巻いています。そんな渦の中に身を置きながら、どこかで息苦しさを感じている人も多いでしょう。

「本当にこれでいいのだろうか」「何かを得ることが幸せにつながるのだろうか」

もしもそんな疑問や葛藤が少しでも心の中にあるのであれば、今の生き方を見直してみることです。

そして今一度自身の心に尋ねてみてください。

「人間にとっての真の幸福とは何か」

余計な物をはぎ取って、シンプルに幸せとは何かを考えてほしいと思います。

自分に与えられた役割をしっかりとこなしていること。そうして寿命が尽きるその日まで、一生懸命に生きてゆくこと。シンプルに考えれば、人生とはただそれだけのことなのです。

その答えに辿り着くための道標《みちしるべ》に、本書がなることを願っております。

枡野俊明（ますの しゅんみょう）

1953年神奈川県生まれ。曹洞宗徳雄山建功寺住職、庭園デザイナー、多摩美術大学環境デザイン学科教授。大学卒業後、大本山總持寺で修行。禅の庭の創作活動を行い、国内外から高い評価を得る。芸術選奨文部大臣新人賞を庭園デザイナーとして初受賞。ドイツ連邦共和国功労勲章功労十字小綬章を受章。2006年『ニューズウィーク』日本版「世界が尊敬する日本人100人」に選出される。おもな作品に、カナダ大使館庭園、セルリアンタワー東急ホテル日本庭園など。おもな著書に『禅―シンプル発想術』『心がやすらぐお別れの心得』『人生でいちばん大切なこと』（以上廣済堂出版）など多数ある。

シンプルな人は、いつも幸せ
つい悩み過ぎてしまうあなたへ

2018年10月31日　第1版第1刷

著　者　枡野俊明

発行者　後藤高志
発行所　株式会社廣済堂出版
〒101-0052
東京都千代田区神田小川町2-3-13 M&Cビル7F
電話　03-6703-0964（編集）
03-6703-0962（販売）
Fax　03-6703-0963（販売）
振替　00180-0-164137
URL　http://www.kosaido-pub.co.jp

印刷・製本　株式会社廣済堂

ブックデザイン＆DTP　清原一隆（KIYO DESIGN）
編集協力　網中裕之

ISBN978-4-331-52194-6　C0095